LE PORTFOLIO DE DÉVELOPPEMENT PROFESSIONNEL CONTINU

RICHARD DESJARDINS PH.D.

PROFESSEUR EN FORMATION PRATIQUE DE L'ENSEIGNEMENT

FACULTÉ DES SCIENCES DE L'ÉDUCATION

UNIVERSITÉ DE MONCTON

Chenelière/McGraw-Hill
MONTRÉAL • TORONTO

Le portfolio de développement professionnel continu

Richard Desjardins

© 2002 Les Éditions de la Chenelière inc.

Édition : Martine Des Rochers
Coordination : Louise Rodrigue
Révision linguistique : Madeleine Vincent
Correction d'épreuves : Corinne de Vailly
Conception graphique : Josée Bégin
Couverture : Michel Bérard
Infographie : Pauline Lafontaine

Données de catalogage avant publication (Canada)

Desjardins, Richard, 1946-

    Le portfolio de développement professionnel continu

    (Chenelière/Didactique. Évaluation et compétences)

    Doit être accompagné d'un cédérom

    Comprend des réf. bibliogr.

    ISBN 2-89461-752-6 (livre avec cédérom)

    1. Portfolios en éducation. 2. Portefeuilles de compétences.
3. Enseignement — Pratique. 4. Enseignants — Formation.
5. Plan de carrière. I. Titre. II. Collection.

LB1728.D47 2002   370'.71'55   C2001-941616-4

Chenelière/McGraw-Hill
7001, boul. Saint-Laurent
Montréal (Québec) Canada H2S 3E3
Téléphone : (514) 273-1066
Télécopieur : (514) 276-0324
chene@dlcmcgrawhill.ca

ISBN 2-89461-752-6

Dépôt légal : 1er trimestre 2002
Bibliothèque nationale du Québec
Bibliothèque nationale du Canada

Imprimé au Canada

1 2 3 4 5 A 06 05 04 03 02

Dans cet ouvrage, le masculin a été utilisé dans le but d'alléger le texte. La lectrice et le lecteur verront à interpréter selon le contexte.

Nous reconnaissons l'aide financière du gouvernement du Canada par l'entremise du Programme d'aide au développement de l'industrie de l'édition (PADIÉ) pour nos activités d'édition.

Je dédie cet ouvrage…

*aux 4800 élèves à qui j'ai enseigné
au secondaire ;*

*aux 900 étudiantes et étudiants
qui m'ont permis de les accompagner
dans leur formation à la profession enseignante ;*

*à mes deux enfants, François et Marie-Lynn ;
et surtout à Barbara, ma compagne de vie.*

Sans eux, cet ouvrage n'aurait pas été possible.

*« Penser ce que je dis, dire ce que je pense
et faire ce que je dis », voilà le fil conducteur
dans ma profession.*

Avant-propos

Le titre *Portfolio de développement professionnel continu* explique à lui seul le contenu de cet ouvrage. Fort de mon expérience dans le domaine de l'enseignement, j'y ajouterais la phrase suivante : « Monter son portfolio, c'est affirmer la fierté d'être ce que je suis et ce que je fais comme professionnel. » En fait, j'aurais aimé être en mesure de monter mon portfolio dès ma première année d'enseignement. La passion qui m'a poussé à choisir cette profession me sert toujours de moteur aujourd'hui. Elle consiste pour moi à énoncer un fait auquel je crois : la responsabilisation et l'autonomie de l'être humain. Cette passion se traduit également par une volonté de vouloir bien enseigner, caractéristique chère, à mon avis, à tout enseignant consciencieux. Non pas qu'il cherche la popularité mais bien qu'il veuille établir une bonne relation d'ordre pédagogique avec ses élèves. C'est pourquoi le portfolio est un outil précieux pour concrétiser ce désir. Car au-delà de la collecte d'éléments qui caractérisent une personne, le portfolio est une occasion de prendre conscience de ce qu'elle est. Il lui permet de réfléchir sur sa pratique et, conséquemment, d'avoir une emprise réelle sur l'exercice de sa profession et son développement professionnel.

Bien des enseignants montent, d'une certaine façon, leur portfolio depuis leurs tout débuts dans l'enseignement sans en être vraiment conscients. Plusieurs tiennent à jour leur curriculum vitæ, surtout s'ils ont obtenu un nouveau diplôme après avoir poursuivi des études de perfectionnement, le soir ou pendant les vacances d'été. Nombreux sont ceux qui le font ! Puis, au fil des années, il est courant de garder une copie ou l'original des travaux d'élèves qui se sont démarqués afin de les présenter, l'année suivante, à d'autres élèves dans le but de mieux expliquer ce qui leur est demandé et de les motiver à se distinguer d'autant. D'année en année, nous accumulons des ressources didactiques que nous créons ou que nous nous procurons à partir des cahiers d'activités, des illustrations, etc. Voilà des éléments essentiels à la base d'un portfolio. S'y ajoute un autre élément essentiel : exprimer en termes clairs, autant à soi-même qu'aux personnes de son entourage, sa philosophie de l'enseignement.

Après avoir enseigné 25 ans au secondaire, j'ai orienté ma carrière en formation à l'enseignement. J'ai voulu partager mon expérience avec de futurs professeurs. Le retour aux études était donc incontournable pour obtenir une maîtrise et un doctorat, passeport pour l'entrée à l'université comme professeur. Ce retour aux études m'a amené à réfléchir sur l'éducation et m'a confirmé que la pratique réfléchie de l'enseignement conduit à la responsabilisation de l'enseignant. Mes recherches et mes réflexions ont été orientées sur l'analyse réflexive de la pratique de l'enseignement. J'en suis venu à la conclusion que le portfolio constitue un moyen permettant de concrétiser la pratique réfléchie de l'enseignement, grâce à l'analyse effectuée sur les éléments que j'y insère. Je crois, humblement, que c'est un héritage important que je lègue aux futurs professeurs !

En terminant, j'aimerais remercier toutes les personnes qui ont contribué à l'élaboration de cet ouvrage, soit par leur encouragement soit par leur rétroaction sur l'une ou l'autre partie de ce document.

Je remercie ma collègue Hélène Gravel, avec qui j'ai travaillé une partie de la section portant sur les fondements pédagogiques lors d'un article d'un ouvrage collectif* paru aux Presses de l'Université Laval. Je remercie aussi ma collègue Claire IsaBelle, qui a assuré la révision technique et pédagogique des aspects reliés aux nouvelles technologies abordés dans cet ouvrage.

Je tiens tout particulièrement à remercier ma collègue Sylvie Blain, professeure à la Faculté des sciences de l'éducation de l'Université de Moncton, qui a fait un travail de révision linguistique lors de la première écriture de cet ouvrage.

---

* H. Gravel et R. Desjardins, « L'utilisation du portfolio professionnel comme outil de synthèse des apprentissages en fin de formation initiale à l'enseignement et comme moyen de développer la pensée critique et créatrice » dans L. Guilbert, J. Boisvert et N. Ferguson (dir.), *Enseigner et comprendre : le développement d'une pensée critique*, p. 259-271, Québec, Les Presses de l'Université Laval, 1999.

Table des matières

Partie III LES ANNEXES 47

Introduction

Cet ouvrage s'adresse à l'étudiant en formation à l'enseignement et à l'enseignant en exercice. Conçu comme un guide, il les aide à monter un portfolio qui illustre leur développement professionnel continu. Il s'agit donc d'un document de référence n'ayant pas pour but d'imposer une démarche particulière à l'utilisateur. D'ailleurs, suivre aveuglément cet ouvrage irait à l'encontre de l'esprit d'un portfolio. Le portfolio est le miroir de son cheminement professionnel, et s'en prévaloir fait partie intégrante de l'objectif qu'il vise.

Cet ouvrage est non seulement le résultat de recherches menées sur ce sujet, mais aussi le fruit d'une expérience de plus de 30 ans dans l'enseignement aux niveaux secondaire et universitaire. À la lecture de la bibliographie, on constatera que le portfolio professionnel en enseignement est en vogue, particulièrement aux États-Unis, où l'on trouve une abondante documentation.

D'aucuns pourraient se poser la question : pourquoi produire un autre ouvrage ? Tout simplement parce qu'il n'en existe aucun qui comporte les différentes parties que j'ai insérées ici et que j'ai adaptées au contexte particulier de la formation à l'enseignement et au développement professionnel continu — car j'estime que le portfolio est un outil d'apprentissage que l'on devrait enrichir au cours de sa carrière. Les étudiants et les enseignants le trouveront utile pour progresser dans leur pratique, dans la mesure où ils sont prêts à l'autocritique.

En revanche, ceux-ci ne sont pas les seuls à pouvoir se prévaloir de cet outil. Les différentes parties de cet ouvrage peuvent servir de modèles à d'autres professionnels (par exemple aux infirmiers, aux administrateurs, aux travailleurs sociaux, aux psychologues, aux ingénieurs, aux architectes, etc.), tant en formation qu'en exercice.

Afin de comprendre la marche à suivre dans la réalisation d'un portfolio, pensons à la construction d'une maison. Tout d'abord, nous ébauchons un plan et nous nous assurons d'avoir tous les matériaux nécessaires à son édification. Puis, nous établissons les fondations. Ensuite, nous assemblons chaque partie en suivant notre plan. Peu à peu, notre maison prend forme. Le portfolio, à la manière d'un édifice, se bâtit en respectant les diverses étapes décrites dans cet ouvrage.

Le présent ouvrage se divise en trois parties :

I. Guide pédagogique

Cette partie sert à définir le portfolio et les objectifs qu'il vise, et les fondements pédagogiques y sont jetés, tels que le développement de la pensée critique et créatrice.

II. La réalisation d'un portfolio

Cette partie présente les principaux éléments ou documents que pourrait contenir un portfolio.

III. Les annexes

Les annexes rassemblent des informations sur différents thèmes pédagogiques qui peuvent servir de point de départ à des réflexions personnelles sur les éléments que contient un portfolio. Toute personne désireuse d'approfondir l'un ou l'autre sujet pourra se documenter davantage. Certaines annexes peuvent servir à illustrer la confection matérielle d'un portfolio.

Le cédérom qui accompagne cet ouvrage est le complément des annexes. Il comporte un canevas de travail permettant à chacun de compléter ou de modifier les annexes d'après ses réflexions personnelles. Le cédérom présente aussi le site Web de l'auteur, dans lequel se trouvent une foule de renseignements pratiques concernant le portfolio ainsi que des liens intéressants.

Le cédérom peut être utilisé dans les environnements Macintosh® ou Windows®. Comme le cédérom ne contient pas de fichier audio, il n'est pas nécessaire de posséder une carte de son. Voici les conditions essentielles pour profiter du cédérom.

Dans l'environnement Macintosh®, vous devez avoir :
- un Macintosh® possédant une connexion Internet ;
- un minimum de 32 mégaoctets de mémoire vive (RAM) ;
- un lecteur de cédérom 4× (8× recommandé) ;
- un moniteur pouvant afficher une résolution de 640 × 480.

Dans l'environnement Windows®, vous devez avoir :

- un processeur Intel® Pentium® ou l'équivalent (233 mégahertz ou plus) ;
- un système d'opération Windows 95® ou plus ;
- un minimum de 32 mégaoctets de mémoire vive (RAM) ;
- un lecteur de cédérom;
- un moniteur pouvant afficher une résolution de 640 × 480.

Pour démarrer le programme sur le cédérom, procédez de la façon suivante :

Dans l'environnement Macintosh® :

- insérez le cédérom dans le lecteur ;
- explorez son contenu ;
- double cliquez sur l'icône « depart ».

Dans l'environnement Windows® :

- insérez le cédérom dans le lecteur ;
- double cliquez sur l'icône «Poste de travail» ;
- double cliquez sur l'icône correspondant au lecteur de cédérom ;
- double cliquez sur l'icône « depart ».

Partie I

CE PEDAGOGIE OBJECTIFS REALISATIONS PLANS D
CE VISION CROISSANCE CRÉATION DOCUMENT TRAVA
RAIT STRATÉGIE APPROCHE BUT PLANIFICATION CI

GUIDE PÉDAGOGIQUE

1.1 Les fondements théoriques du portfolio

1.1.1 L'origine du portfolio

Le milieu de l'éducation n'a pas inventé le portfolio. Les artistes, les architectes et les photographes l'utilisent depuis fort longtemps pour présenter à leurs divers clients des œuvres les mettant en valeur. Selon Goupil[1], « les artistes, les peintres et les designers se servent d'un portfolio pour mettre en valeur leurs réalisations et leurs aptitudes. Le portfolio permet au professionnel non seulement d'illustrer ses habiletés, mais aussi d'exercer une réflexion sur l'évolution de sa carrière ».

L'engouement pour le portfolio est relativement récent dans le milieu scolaire. Le début des années 90 marque véritablement son essor. Au primaire, au secondaire et à l'université, on l'utilise pour évaluer les progrès et les apprentissages des élèves ou des étudiants. Comme il vise à les faire participer à leur démarche d'apprentissage, le portfolio se révèle un outil pédagogique judicieux en ce sens qu'il les amène à une plus grande responsabilisation. Il en va de même pour l'enseignant. Un portfolio bien géré lui permet de réfléchir à sa démarche professionnelle et d'en décider son contenu. Cette prise de décision est l'occasion d'exercer un esprit critique et une pensée créatrice.

1.1.2 La pensée critique et créatrice et le portfolio

Le portfolio professionnel aide à suivre ses apprentissages, à créer des amalgames de façon à mieux structurer sa pensée pédagogique ; leur donner un sens et les comprendre permet de façonner sa propre personnalité professionnelle, selon son propre modèle pédagogique.

---

1. G. Goupil, *Portfolios et dossiers d'apprentissage*, Montréal, Chenelière/McGraw-Hill, 1998, p. 6.

L'appropriation des apprentissages se fait principalement à travers un processus de gestion cognitive qui, selon Gagné[2], se réalise en quatre étapes.

- ➔ La *première étape* consiste à déterminer l'information.
- ➔ La *deuxième étape* consiste à planifier la démarche, en faisant l'inventaire des solutions possibles qui feront l'objet d'un plan précis à partir duquel il faudra évaluer la pertinence du choix d'une stratégie à privilégier.
- ➔ L'*étape trois* est le moment de l'exécution. Le travail s'accomplit alors en fonction du plan choisi tout en s'assurant qu'il est conforme aux objectifs visés.
- ➔ À la *quatrième et dernière étape*, on doit s'assurer que le portfolio correspond aux objectifs de départ ; on doit également procéder au contrôle de la qualité du produit et s'interroger sur la démarche utilisée.

Selon Gagné[3], cette démarche est basée sur la résolution de problème et assure la gestion cognitive des apprentissages ; celle-ci constitue la source même du processus métacognitif qui est lui-même la condition pour exercer sa pensée critique.

Selon Ross, Bondy et Kyle[4], la pensée juste (*good thinking*) est le fruit de la pensée critique et créatrice. La pensée critique est indissociable de la pensée créatrice car le fait d'exercer son jugement sur son processus métacognitif implique la possibilité de créer soi-même les activités cognitives propres à chacune des étapes de ce processus.

1.1.3   L'analyse réflexive et le portfolio

L'analyse réflexive incite l'enseignant en formation et en exercice à effectuer une synthèse de ses apprentissages, en faisant une analyse réfléchie de sa pratique à la suite d'une observation rigoureuse de son action en lien avec sa formation générale.

2. P. P. Gagné, *Pour apprendre à mieux penser, Pour aider les élèves à gérer leur processus d'apprentissage*, Montréal, Chenelière/McGraw-Hill, 1999.
3. P. P. Gagné, *Pour apprendre à mieux penser, Pour aider les élèves à gérer leur processus d'apprentissage*, Montréal, Chenelière/McGraw-Hill, 1999.
4. D. D. Ross, E. Bondy et D.W. Kyle, *Reflective Teaching for Student Empowerment, Elementary Curriculum and Methods*, New York, Macmillan Publishing Company, 1993.

Cette analyse permet la conscientisation et l'intégration des savoirs acquis en cours d'expérience pour l'enseignant en formation et en exercice. Il s'agit de réfléchir à ce que l'on fait en classe et à l'école.

Il convient donc de dire que la personnalité professionnelle est le lieu d'intégration de l'ensemble des savoirs : savoir-faire, savoir-être et savoir-devenir.

Le concept d'intégration dans ce contexte d'appropriation et de synthèse est directement lié à une maîtrise professionnelle suscitée par une intégration réflexive. Bloom[5] et Legendre[6] concluent que la synthèse est l'opération qui résulte d'un processus d'intégration. En conséquence, le modèle d'analyse réflexive[7] que je propose s'inscrit bien dans ce processus d'intégration.

1.1.4   La pédagogie intégrative et réflexive

Cette approche pédagogique incite à intégrer les différents savoirs liés à la profession. Il s'agit du savoir-faire, du savoir-être et du savoir-devenir comme il a été mentionné précédemment.

Selon Legendre, on entend par savoirs l'ensemble des connaissances approfondies acquises par un individu, grâce à l'étude et à l'expérience[8]. Toujours selon lui, le savoir-faire implique la dextérité dans l'exécution d'une tâche, l'habileté à résoudre des problèmes pratiques[9]. Quant au savoir-être, il reflète l'attitude de la personne et se traduit dans son comportement, ses croyances et ses valeurs. Le savoir-devenir, lui, comprend les moyens que prend la personne pour se développer de façon continue.

On peut d'ores et déjà établir un lien étroit avec la pratique professionnelle, que ce soit lors des stages ou durant l'enseignement. Étudiants et enseignants y ont l'occasion de vivre des expériences bien

---

5. B. S. Bloom, *Taxonomie des objectifs pédagogiques*, Montréal, Éducation Nouvelle, 1977.

6. R. Legendre, *Dictionnaire actuel de l'éducation*, Montréal et Paris, Éditions Guérin et Eska, 1993, p. 835-836.

7. Voir l'annexe x.

8. R. Legendre, *Dictionnaire actuel de l'éducation*, Montréal et Paris, Éditions Guérin et Eska, 1993, p. 1134.

9. *Ibid.*, p. 1135.

concrètes, réelles et en contexte, où réflexions individuelle et collective révèlent l'interdépendance des savoirs et le caractère multiple des réalités physiques et sociales. Par le dialogue, l'affrontement des idées et la résolution de problèmes, la pédagogie intégrative et réflexive développe le sens critique et l'esprit de recherche tout en favorisant la connaissance de soi, l'ouverture aux autres et une meilleure compréhension du monde[10].

1.1.5 La maîtrise de l'apprentissage et le dépassement de soi

L'enseignant en formation ou en exercice est invité à se réaliser pleinement, tant dans son enseignement que durant ses stages. On lui propose de faire appel à son sens des responsabilités durant son apprentissage, et son engagement doit être sans équivoque.

1.1.6 Le concept d'intégration et la personnalité professionnelle

La personnalité professionnelle est le lieu d'intégration des différents savoirs. Elle renvoie autant au savoir-être de l'enseignant (ses attitudes) qu'à son savoir-faire (son habileté à enseigner). Elle serait donc au cœur des savoirs enseignants dont la pierre angulaire est constituée des savoirs acquis en cours d'expérience.

Les savoirs acquis en cours d'expérience sont qualifiés des plus importants par le corps enseignant selon la recherche de Tardif, Lessard et Lahaye[11]. Ils décrivent les habitus ou les habiletés propres à la profession, ils se développent au fur et à mesure de la pratique et s'intègrent

10. *Vers une pédagogie actualisante : Mission de la Faculté des sciences de l'éducation et formation initiale à l'enseignement*, Moncton, Faculté des sciences de l'éducation de l'Université de Moncton, 1997, p. 14.

11. M. Tardif, C. Lessard, et L. Lahaye, « Les enseignant(e)s des ordres d'enseignement primaire et secondaire face aux savoirs. Esquisse d'une problématique du savoir enseignant », *Sociologie et société*, vol. 23, n° 1, 1991, p. 55-69.

à la personnalité professionnelle. Ces savoirs constituent la norme et servent de référence à l'enseignant de façon qu'il puisse évaluer sa formation initiale et continue.

1.1.7 La transmission du savoir enseignant et le partage des expériences

Certaines habiletés sont propres à l'enseignement et sont transmissibles à d'autres adultes ; on peut les conceptualiser, les organiser en un tout cohérent, les présenter en des termes clairs. Elles s'adaptent d'abord et avant tout à toute personne qui pratique la même profession, même si l'enseignement est un apprentissage difficile et long. Selon Miller[12], lorsque les enseignants considèrent leurs collègues comme d'authentiques experts, ils réfléchissent à leur propre expérience et valorisent ce qu'eux-mêmes savent faire. Le transfert du savoir-faire favorise tout autant l'apprentissage de l'enseignant, car il permet d'assurer sa propre conceptualisation de sa pratique professionnelle et d'en faire une évaluation formative.

Il importe de se rappeler que ces savoirs procurent aux membres du corps enseignant des certitudes « partagées et partageables dans les relations avec les pairs et donc à travers la confrontation des savoirs issus de l'expérience collective des enseignantes et des enseignants[13] ». C'est ainsi que ces savoirs, acquis de façon subjective, peuvent s'objectiver. Plus loin dans son article, Lessard ajoute que « les certitudes subjectives doivent alors se systématiser afin d'être traduites en discours d'expérience capable d'informer ou de former d'autres enseignants et de répondre à leurs problèmes[14] ».

Les savoirs enseignants sont donc le lieu où les enseignants peuvent se sentir engagés dans une expérience commune. S'ils participent à la planification du cursus, ils ne pourront que se sentir liés au groupe de collègues, selon Miller[15]. Ils mettront en commun leurs expériences et

> Les savoirs enseignants sont le lieu où les enseignants peuvent se sentir engagés dans une expérience commune.

12. L. Miller, *Building a Professional Culture in Schools*, édité par A. Lieberman, New York, Teachers College Press, 1988.

13. C. Lessard, « Les conditions d'une nouvelle professionnalité dans l'enseignement », dans *Vie pédagogique*, n° 71, mars 1991, p. 18-23.

14. *Ibid.*

15. L. Miller, *Building a Professional Culture in Schools*, édité par A. Lieberman, New York, Teachers College Press, 1988.

chercheront à établir des consensus sur le bon fonctionnement d'une classe. Dans cette perspective, l'action collective et collégiale fera place à l'isolement et au caractère privé de la pratique.

L'enseignant sera toujours « roi et maître » de sa classe, mais il ne sera plus isolé. Habitué à recevoir des marques de reconnaissance presque exclusivement de ses élèves, il trouvera appui et motivation chez ses collègues, signe d'une solidarité plus réfléchie. Cette créativité qu'il développe en groupe pourra l'inciter à être l'auteur d'ouvrages et de cahiers de travaux pratiques qu'il utilise, l'encouragera à être l'artisan de ses stratégies d'enseignement.

1.1.8 Le portfolio et la structuration de sa pensée

Le portfolio permet à l'enseignant en formation ou en exercice de mieux apprécier ses apprentissages et de mieux en structurer le contenu, de prendre conscience de ses points forts, d'établir des liens entre sa formation générale et sa pratique, d'évaluer son degré d'engagement dans la profession, de réfléchir à l'amélioration possible de sa formation théorique et pratique, bref, d'être autonome dans son cheminement professionnel tout en demeurant encadré par le personnel enseignant ou de direction et les personnes jouant un rôle dans sa formation.

Ce n'est pas un hasard si le portfolio prend un intérêt de plus en plus marquant en éducation. En effet, le portfolio a été beaucoup associé aux arts, à ce grand porte-document dans lequel les artistes insèrent leurs croquis ou leurs dessins. L'application du portfolio à l'éducation ne vient-elle pas consacrer le fait que l'enseignement soit d'abord et avant tout un art ? Enseigner est un acte de créativité qui fait appel à la réflexion pour édifier une démarche pédagogique ordonnée et structurée. Enseigner n'est pas une technique mais bien une relation éducative avec un apprenant. Le portfolio est un puissant moyen d'analyse de cette démarche pédagogique. Cette réflexion impose donc à l'enseignant d'organiser sa pensée pédagogique de par la sélection d'éléments qu'il désire inclure dans son portfolio. En ce sens, le portfolio est un outil intéressant d'autoévaluation.

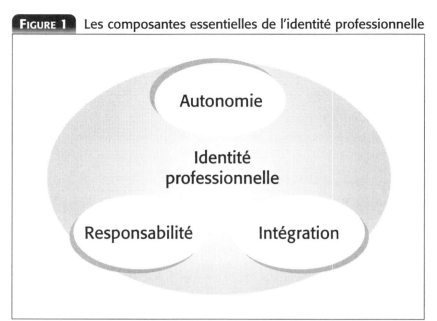

FIGURE 1 Les composantes essentielles de l'identité professionnelle

Autonomie

Identité professionnelle

Responsabilité   Intégration

Conséquemment, l'enseignant en formation ou en exercice doit s'engager de façon plus personnelle dans sa formation et ses activités d'enseignement, se l'approprier tout en maintenant une distance émotive lui permettant de faire un retour réflexif et critique sur ses apprentissages. Le schéma suivant illustre bien les liens entre l'autonomie, la responsabilité et l'intégration professionnelles. Ces trois éléments essentiels sont les fondements de l'identité professionnelle de l'enseignant.

1.2   Qu'est-ce qu'un portfolio de développement professionnel ?

Conseil du prof !

Comment puis-je structurer ma pensée pédagogique ?

- En pensant aux différents éléments qui composent mon portfolio, en fonction de mon cheminement personnel et professionnel.
- En réfléchissant à ce que j'ai vécu d'important.
- En réfléchissant à ce que je vis d'important à l'heure actuelle.
- En réfléchissant à ce que je vis ou veux vivre d'important dans l'avenir.
- En réfléchissant à mon développement personnel et professionnel.
- En réfléchissant à mes objectifs personnels et professionnels à court, moyen et long terme.
- En réfléchissant à l'atteinte ou la non-atteinte des objectifs que je me suis fixés !

Wolf[16] définit le portfolio en enseignement comme suit :

« Un portfolio en enseignement est une collection structurée des meilleurs travaux d'un enseignant ; cette collection, qui est sélective, réflexive et coopérative, démontre l'accomplissement d'un enseignant dans le temps et dans une variété de contextes [...]. En ce sens, un portfolio est plus que la liste des réalisations d'un enseignant, il contient des échantillons du rendement dans l'enseignement (comme des plans de cours, des travaux d'élèves) et, accompagnant ces exemples, les réflexions de l'enseignant sur la signification de ce travail. »

16. Citée dans G. Goupil, *Portfolios et dossiers d'apprentissage*, Montréal, Chenelière/McGraw-Hill, 1998, p. 64.

Le portfolio cumulatif semble le mieux répondre aux besoins de la formation initiale à l'enseignement et à la pratique sur le terrain, puisqu'il met en valeur le caractère intentionnel de l'étudiant ou de l'enseignant dans l'élaboration de son portfolio et en fait un témoin privilégié de son propre cheminement. Le portfolio cumulatif est une compilation de travaux qui témoignent des apprentissages et des activités liés à l'enseignement. En plus des travaux, il peut comprendre des rapports de cheminement (de stage), un journal réflexif et un rapport de synthèse. Le parcours de l'étudiant ou de l'enseignant doit être intégré dans un tout cohérent, qui représente plus que la somme des parties : un tout qui reflète son identité professionnelle et sa démarche pédagogique ; un tout qui témoigne de son intégration des différents savoirs issus des nombreux apprentissages.

On peut comparer l'élaboration d'un portfolio professionnel à la confection d'une courtepointe. Des carrés de tissu de toutes sortes sont assemblés dans le but de former un ou des motifs. Il en résulte une œuvre d'art unique, fruit d'un travail continu et de longue haleine, et de la collaboration d'autres personnes. De la même façon, l'élaboration du portfolio permet à l'enseignant de créer des liens entre ses différents apprentissages et ses objectifs de formation ou d'enseignement.

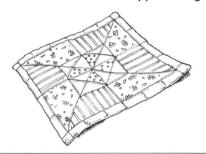

Conseil du prof !

■ La confection d'une courtepointe.

■ Carrés de tissu... assemblés... forment un ou des motifs.

■ Œuvre d'art unique... travail continu de longue haleine...

■ Collaboration d'autres personnes.

L'objectif du portfolio professionnel

• apprendre à tisser des liens entre les différents apprentissages et objectifs de formation

• témoigner d'une intégration des différents savoirs issus des nombreux apprentissages

1.3 Les objectifs généraux du portfolio

Le principal objectif du portfolio professionnel est de permettre à l'enseignant en formation ou en exercice de regrouper différentes activités illustrant quelques-uns de ses apprentissages et d'établir des liens entre ces différents apprentissages et les objectifs de formation ou d'enseignement. Élaborer un portfolio permet de mettre en valeur le processus d'intégration personnelle des divers savoirs acquis au cours de la formation théorique et pratique.

Cet outil permet également à l'enseignant de développer des habiletés en constituant une synthèse de ses apprentissages, c'est-à-dire en combinant des éléments de façon à bâtir une structure qui n'existait pas auparavant et qui témoigne de son cheminement personnel et de son identité professionnelle. L'enseignant explore donc ses compétences tout en les gérant lui-même.

1.4 Les objectifs spécifiques du portfolio

Les objectifs spécifiques du portfolio concernent l'enseignant en formation et l'enseignant en exercice.

L'enseignant en formation

Pour l'enseignant en formation, le portfolio consiste à grouper, tout au long de sa formation, des travaux significatifs issus des cours et des réalisations faites lors de stages, en lien avec les objectifs de formation proposés par la Faculté des sciences de l'éducation. Ce processus vise l'autonomie et la responsabilisation de l'étudiant car ce dernier intègre consciemment son expérience et façonne son identité professionnelle.

Afin de rendre la démarche plus claire, des cours peuvent être ciblés, dès le début de la formation, dans lesquels seront présentés le principe du portfolio. On invite l'étudiant à prendre connaissance des objectifs de la Faculté des sciences de l'éducation et y choisir ceux qui illustrent le mieux les différentes dimensions de la formation. Les trois dimensions suivantes se retrouvent dans plusieurs facultés de l'éducation :

1) démontrer un haut degré de formation pédagogique (savoir) ;
2) maîtriser la didactique des disciplines dans le cadre d'une pédagogie qui vise à l'actualisation des personnes (savoir-faire) ;
3) intégrer les composantes de la formation, développer une identité professionnelle et s'engager dans un développement personnel continu (savoir-être).

On invite également l'étudiant à créer des liens entre les objectifs de formation proposés par sa faculté, ceux des cours ciblés qui s'échelonnent sur toute la formation et ceux des autres cours qui répondent de façon plus spécifique à ses besoins de formation dans les disciplines d'enseignement ; c'est un processus qui se vit de façon progressive, ce qui permet à l'étudiant d'acquérir de la maturité dans sa formation.

En somme, l'identification des objectifs décrits amène l'étudiant à définir peu à peu ses objectifs personnels de formation et à réfléchir au contenu de son portfolio afin de déterminer les domaines à approfondir.

Pendant son parcours universitaire, l'enseignant en formation est invité à choisir, parmi les travaux réalisés dans les cours ciblés, ceux qu'il désire inclure dans son portfolio. Ces travaux peuvent prendre différentes formes : il peut s'agir de travaux écrits, de rapports de cheminement de stages, de sessions de formation, de vidéos d'animation, d'une synthèse de fin de formation et d'un journal de bord (*voir l'annexe XXVI*).

Conseil du prof !

Le journal de bord peut être considéré comme un journal personnel, que l'étudiant utilise au fil de ses inspirations. Il l'encourage à réfléchir à son apprentissage, à considérer ses erreurs, à prendre des risques, à cultiver sa confiance, à se remettre en question, à améliorer ses techniques de travail et d'étude, à assumer la responsabilité de son apprentissage, à développer un concept de soi réaliste et à cultiver l'estime de soi.

Parmi les objectifs de formation proposés par la Faculté, il peut décider de choisir celui-ci : « savoir gérer la classe, animer des groupes et créer un climat propice à l'apprentissage ». Ce choix s'explique en regard d'un défi qu'il veut particulièrement relever. Il décide alors d'incorporer dans son portfolio une vidéo d'une session qu'il a animée avec des enfants de première année, dans le cadre d'un cours ou d'un stage.

Après avoir identifié et contextualisé cet apprentissage, il devra justifier l'atteinte de son objectif, en faisant, par exemple, des liens entre les objectifs du cours (maîtriser le style d'animation démocratique), l'auto-évaluation de l'animation de la session, les commentaires du professeur et les commentaires issus de son journal de bord. Il pourra aussi établir des liens avec d'autres dimensions de la formation, comme le savoir-être, liées à d'autres apprentissages qui lui ont permis de cheminer dans l'atteinte de cet objectif.

En d'autres mots, il doit être capable de justifier les raisons qui motivent son choix et doit pouvoir nommer les objectifs de la formation qu'il est en voie de maîtriser par ce même apprentissage.

Il importe de préciser que l'élaboration du portfolio ne se limite pas qu'aux cours ciblés. Il peut comprendre des réalisations de l'étudiant pendant les stages ou dans le cadre d'activités parascolaires ou bénévoles, comme il peut s'agir de travaux provenant de cours de perfectionnement, tels que des cours de photographie. Bref, tout matériel qui lui semble signifiant et qui lui permet d'exercer ses habiletés méta-cognitives à propos des apprentissages et des objectifs relatifs à sa formation.

L'enseignant en exercice

L'enseignant en exercice peut réaliser les objectifs spécifiques du portfolio en adaptant la même démarche à ses réalisations éducatives et pédagogiques. Il s'agit de regrouper des éléments significatifs liés à son enseignement en relation avec les objectifs proposés par le ministère de l'Éducation. L'incorporation de documents dans son portfolio lui permet de réfléchir à ses apprentissages, à ses cours, à ses activités ou à ses réalisations pédagogiques tout en faisant des liens avec l'ensemble des différents objectifs personnels qu'il choisit.

L'établissement de liens entre son apprentissage, le contenu de ses cours, ainsi de suite, et les objectifs du Ministère est essentiel car, à l'exemple de la courtepointe, l'ensemble constitue un tout qui représente l'apprentissage scolaire de l'enseignant ainsi que son cheminement personnel et professionnel ; il représente ses connaissances et ses habiletés.

Pour se guider dans l'élaboration de son portfolio, l'enseignant en formation ou en exercice peut se poser les questions suivantes :

➱ Quels sont les éléments de connaissance qui se réfèrent au *savoir* et qui sont en voie d'être maîtrisés ?

➱ Quels sont les éléments de développement professionnel qui se réfèrent au *savoir-faire* et qui sont en voie d'être maîtrisés ?

➱ Quels sont les éléments de développement personnel et professionnel qui se réfèrent au *savoir-être* et qui sont en voie d'être maîtrisés ?

➱ Quels sont les éléments de l'identité personnelle et professionnelle qui se réfèrent au *savoir-devenir* et qui sont en voie d'être maîtrisés ?

Conseil du prof !

- Définir peu à peu ses objectifs personnels de formation.
- Réfléchir au contenu de son portfolio.
- Déterminer les domaines à approfondir.

1.5 | Pourquoi devrais-je monter un portfolio ?

Le portfolio me donne l'occasion de me développer de façon autonome dans mon cheminement personnel et professionnel.

➔ Il me permet d'exercer mes choix sur ce que je veux y insérer ; il illustre donc ce que je suis et ce que je deviens.

Il m'incite à prendre des décisions quant à son contenu.

➔ Le portfolio m'appartient et je suis la seule personne à en décider de sa teneur.

Il me permet de m'autoévaluer tout au long de ma formation ou de ma profession.

➔ En choisissant d'y inclure ou non un document, il m'incite à réfléchir aux points forts et aux aspects à améliorer de mes activités pédagogiques.

Il me permet de rassembler en un seul lieu mon cheminement personnel et professionnel.

➔ Il me permet ainsi de visualiser le fil conducteur de mon parcours professionnel et d'en vérifier la cohérence.

➔ Il me permet de préciser et de formuler les objectifs que je poursuis, afin de mieux continuer mon cheminement professionnel.

➔ Il me permet de bien me préparer à une entrevue d'évaluation formative, que ce soit pour un emploi ou pour une évaluation professionnelle.

Étudiants et enseignants confirment l'utilité et l'avantage de se présenter en entrevue avec un portfolio. Il démontre et illustre comment je suis organisé dans ma pensée et dans mon cheminement pédagogique et professionnel.

> Le portfolio illustre comment je suis organisé dans ma pensée et dans mon cheminement pédagogique et professionnel.

1.6 Les ressources pour constituer un portfolio

La supervision, le travail en équipe, les présentations orales, les journées thématiques et un guide pédagogique sont autant de moyens qui peuvent aider à la réalisation d'un portfolio.

Il n'est pas recommandé de monter seul un portfolio. L'apport des pairs et des enseignants en formation à l'enseignement ou dans l'exercice de leurs fonctions est nécessaire car il favorise un échange entre l'ensemble de ces personnes. À certains moments, l'enseignant en formation ou en exercice est invité à partager le fruit de sa réflexion et des constats au sujet de ses apprentissages ou de ses réalisations.

Le professeur en formation des maîtres est invité à illustrer à l'enseignant en formation son intérêt à collaborer au projet de portfolio, à prévoir dans son plan de cours un travail de synthèse de façon que l'étudiant puisse établir des liens avec les objectifs de son cours. Pendant son enseignement, il choisit les moments où des analyses seront faites ou propose des synthèses visant à évaluer les connaissances de l'apprenant. Aussi, le professeur est invité à faire des liens précis entre les notions apprises dans son cours et les objectifs de la formation, ainsi qu'à créer des liens avec d'autres cours qui contribuent à l'atteinte des objectifs de la Faculté. Cet amalgame de liens permettra à l'apprenant de procéder à une meilleure intégration des différents savoirs.

1.6.1 La supervision pédagogique et le portfolio

La direction d'une école pourrait de même exercer un leadership pédagogique dans une démarche semblable, en l'adaptant aux réalités de son environnement. D'ailleurs, un véritable leadership pédagogique, exercé en collégialité, suppose — pour une direction d'école — une supervision pédagogique fondée sur l'animation. Ce leadership exige, il va de soi, des compétences particulières de la part de la direction. Elle peut recourir à la compétence technique : les moyens didactiques, le cursus ou l'évaluation. Mais la direction ne peut être spécialiste en tout. Son rôle est d'offrir une relation d'aide pédagogique. Que l'on soit au Québec ou ailleurs, l'éducation a souffert et souffre encore d'une hiérarchie excessive. On a beaucoup plus besoin de maîtres à penser que de maîtres à diriger. Tous les discours conviennent que l'éducation est synonyme de relation. Que les éducateurs commencent par se donner l'exemple.

La supervision pédagogique, assurée par la direction, peut être un outil de gestion. Cependant, elle doit viser la valorisation de la pédagogie et non celle de la bureaucratie, qui chercherait à tout contrôler par des mesures tatillonnes. C'est à l'intérieur d'une pédagogie éprouvée et centrée sur l'élève que l'on vérifiera la qualité de l'enseignement et des apprentissages. À cet effet, la collégialité peut permettre au cursus d'avoir un contenu authentique et congruent. Le projet éducatif énonce trop souvent de beaux objectifs enrobés dans des discours pompeux, mais qu'en est-il du cursus qui se fait dans la réalité? Grâce à la collégialité, on pourrait établir un vrai cursus qui comprendrait les véritables intentions pédagogiques. Souvent, l'enseignant fonctionne à tâtons, selon son intuition. Une coordination pédagogique, axée sur la professionnalisation de l'enseignement, conduirait les différents acteurs à une plus grande cohérence entre la pratique, les intentions pédagogiques, la formation continue et le projet éducatif.

En examinant les divers aspects de la supervision pédagogique, on ne peut qu'accepter le rôle de pivot que peut et doit jouer la formation continue dans une coordination pédagogique efficace. Pensons à l'application des programmes, à l'organisation et à la planification des cours, aux stratégies d'enseignement, au choix et à l'utilisation du matériel didactique, à la relation entre l'élève et l'enseignant et au climat de la classe, à l'évaluation formative et sommative, au rattrapage pour les élèves faibles et à l'enrichissement des élèves doués comme autant de domaines où la direction joue non seulement un rôle d'animateur, mais un rôle de motivateur, pour que l'élan mène vers une pédagogie renouvelée. Plus encore, elle peut orienter l'enseignant vers une pédagogie ressourcée, c'est-à-dire celle qui va puiser aux sources du dynamisme inscrit au plus profond de chaque éducateur.

1.6.2 Le mentorat et le portfolio

Le mentorat est sans contredit la formule qui convient le mieux dans une relation d'aide visant l'élaboration du portfolio de développement professionnel.

À la suite d'une expérience pratique de mentorat dans le cadre de la réalisation du portfolio, Rowley[17] a circonscrit six caractéristiques essentielles d'un mentor :

---

17. J. B. Rowley, « The Good Mentor », dans *Educational Leadership*, Association for Supervision and Curriculum Development, Alexandria, Va, É.-U., 1999, p. 20-22. Traduction et adaptation de l'auteur.

1. Est bien convaincu de son rôle de guide et de conseiller

Le mentor croit à l'importance de son rôle et se sent valorisé par le seul fait de transmettre son amour de la profession en servant de guide dans la réalisation du portfolio. Il persiste dans son rôle, convaincu qu'il a un impact significatif et positif sur l'enseignant en formation ou en exercice.

2. Exerce son rôle de façon empathique

Le mentor accepte d'aider l'autre tout en se réservant de tout jugement et en respectant la démarche d'apprentissage de la personne qui monte son portfolio, sachant qu'elle peut s'améliorer et qu'il lui revient de s'approprier cette démarche. Le mentor aide par sa pleine compréhension.

3. Possède des habiletés pour apporter le soutien technique et pédagogique dans la réalisation du portfolio

Le mentor est une personne expérimentée et reconnue par les pairs comme étant un expert en enseignement. Le mentorat est un véritable travail d'équipe qui consiste à partager le savoir-faire. L'observation formative en classe de la part du mentor est un bon moyen de réaliser ce travail d'équipe et est le signe d'une grande confiance entre les partenaires.

4. Fonctionne bien dans différents contextes de relation interpersonnelle

Le mentor est convaincu que toute relation humaine est unique et personnelle, donc il s'ajuste à la personne qu'il guide, c'est-à-dire qu'il respecte sa personnalité, sa façon de travailler, et ainsi de suite. Le mentor a une bonne connaissance de lui-même pour pouvoir venir à la rencontre de l'autre.

5. Est un modèle de formation continue et d'application de la stratégie du portfolio

Que peut-on ajouter d'autre à cette maxime : « Faites ce que je fais et non ce que je dis » ? Quelle serait, en effet, la crédibilité de quelqu'un qui ne met pas en pratique ce qu'il dit ?

6. Communique son enthousiasme et ses convictions dans son rôle de mentor

L'effet Pygmalion ou croire en l'autre, nous pouvons appeler cela de différentes façons. Toutefois, le mentor croit que l'autre a tout le potentiel pour se développer et lui donne surtout le message qu'il a des qualités... à développer.

1.7 Je surveille quelques aspects techniques de mon portfolio

Est-ce que j'opte pour un portfolio sur support papier ou électronique ?

Afin de bien visualiser l'ensemble de mon portfolio, il est préférable de le monter sur papier ou d'en faire une scénarisation avant de le réaliser sur support électronique. Présenté sous forme de cartable, il sera accessible aux personnes présentes lors d'une entrevue.

Si j'opte pour un portfolio sur papier, vais-je l'insérer dans un cartable, un classeur accordéon ou une boîte ? Vais-je utiliser du papier blanc, de couleur ou les deux ? Est-ce que je choisirai une texture particulière ? Vais-je insérer les feuilles dans des transparents ? Mon portfolio aura-t-il des séparateurs, sera-t-il classé par thèmes ? Comment vais-je numéroter les pages et disposer la table des matières ?

En revanche, le portfolio électronique est peu encombrant et efficace. Par exemple, je peux le faire parvenir à un futur employeur sous forme de courrier électronique. Le format papier est classique mais peut devenir encombrant. Si j'opte pour un portfolio électronique, je peux le faire à partir d'un traitement de texte et y insérer des illustrations ou des photographies numérisées. Selon mes capacités techniques, je peux utiliser le format PowerPoint afin de le présenter à un plus grand nombre de personnes. Ce format est transposable facilement en format HTML. De plus, il permet d'être hébergé chez un serveur et est accessible par toute personne branchée sur Internet. Autre avantage d'un portfolio électronique : on peut le copier sur disquette ou sur cédérom autant de fois qu'on le désire.

Si on utilise le logiciel PowerPoint Microsoft Office, il sera nécessaire de graver les fichiers sur un cédérom ou de les copier sur une disquette.

> ## Conseil du prof !
>
> Avant de commencer mon portfolio, une réflexion s'impose. Par exemple, je dois évaluer le temps dont je dispose, le matériel mis à ma disposition et l'étendue de mes connaissances techniques. Puis-je réaliser un portfolio électronique ? Pourrai-je avoir l'aide et l'assistance technique nécessaire ? Au-delà de ces questions, un aspect demeure important… commencer le portfolio, graduellement et sans relâche.

> ## Conseil du prof !
>
> Chacun de ces moyens techniques présente des avantages. Par exemple, un format de page Web offert dans Internet n'implique aucun transport, mais suppose qu'on connaisse la technique à utiliser et qu'on ait les outils pour le faire : l'ordinateur, le numériseur pour insérer des illustrations ou des photographies des pages couvertures de travaux d'élèves ou de textes d'évaluation, etc.

Si vous optez pour le format de page Web, voici deux adresses qui peuvent répondre à plusieurs questions :

www.kzoo.edu/pfolio

Le site THE KALAMAZOO COLLEGE PORTFOLIO explique toutes les étapes à suivre pour monter un portfolio à l'aide de « Composer » dans Netscape, qui, au dire de plusieurs, est l'instrument le plus facile à utiliser pour construire un site Web.

www.fas.umontreal.ca/com/com3561/BTA

Le site CINEMA a été élaboré par Claire IsaBelle, professeure à la Faculté des sciences de l'éducation de l'Université de Moncton, et Aude Dufresne de l'Université de Montréal. Ce site donne plusieurs conseils utiles sur la conception, la création et l'évaluation d'applications de l'ordinateur en pédagogie, dont la conception de pages Web.

En conclusion, il serait important de faire d'abord un plan préliminaire de son portfolio, quitte à le modifier à mesure de sa réalisation. Ce plan devrait toucher tous les aspects tant du point de vue du contenu que de la forme.

1.8 | Je tiens compte de quelques conseils

Conseil du prof !

Plus je réaliserai mon portfolio, plus je serai fier de ce que j'ai fait. Plus je serai fier de ce que j'ai fait, plus je voudrai améliorer mon portfolio, plus…

Il est préférable de ne pas trop mettre l'accent sur l'aspect matériel au point de cacher le message du portfolio derrière des fioritures techniques. Par exemple, un portfolio électronique ne devrait pas ressembler à un jeu Nintendo. La présentation doit être élégante, sans occulter le contenu.

Assurez-vous de donner une image juste de vous-même. Votre portfolio professionnel devrait illustrer votre expertise, votre développement professionnel et vos réflexions éducatives, sans vous surestimer ni vous sous-estimer.

Ne tardez pas à commencer votre portfolio. Plus tôt vous commencerez, plus vous serez motivé à le perfectionner et plus vous recueillerez des éléments judicieux à y insérer.

N'amorcez pas seul la réalisation de votre portfolio. Ce devrait être l'occasion de nombreux échanges avec vos collègues. Sollicitez leur participation : leurs commentaires et leurs critiques positives vous aideront.

Le portfolio de développement professionnel n'est pas un album. Donc, évitez d'y inclure des documents sans liens avec les autres. Chaque document doit répondre à un but précis, doit être analysé à l'aide de la fiche d'« entrée de document »[18].

Affichez clairement et sans crainte les réflexions qu'a suscitées chaque document. Si les documents représentent l'ossature de votre portfolio, les réflexions en sont la chair et les muscles qui tiennent le tout de façon cohérente.

Ayez du plaisir et de la fierté à monter votre portfolio. Il est fidèle à votre image. Aimez ce que vous êtes !

1.9 Opinion des enseignants en formation à l'enseignement concernant le portfolio

Voici les réflexions de quelques personnes enseignantes en formation à la suite d'ateliers tenus dans le cadre de cours de didactique ou d'intégration en éducation. Quatre groupes d'une vingtaine de personnes de niveaux différents ont répondu à cinq questions. Voici les réponses les plus intéressantes.

1. Qu'est-ce qu'un portfolio de développement professionnel ?

C'est un outil qui sert à représenter une personne sur le plan professionnel. On y trouve sa philosophie de l'éducation, son cheminement professionnel et ses stratégies d'enseignement (relativement à la gestion de classe, aux activités d'apprentissage, et ainsi de suite).

---

18. Voir l'annexe I.

C'est un outil qui permet de regrouper, d'organiser et de présenter sa formation, ses pratiques pédagogiques et ses réussites avec les élèves en classe. Le portfolio est le témoin du cheminement professionnel à long terme d'un individu. Il permet de voir son évolution et de prendre conscience de son professionnalisme. Il est la synthèse des accomplissements professionnels et de ses perceptions vis-à-vis de l'éducation. Il est individuel, donc il met l'accent sur la personnalité professionnelle de son auteur. C'est en ce sens qu'il constitue un véritable outil professionnel.

Le portfolio est un recueil de documents pertinents qui montre l'évolution d'une personne ainsi que ses atouts. Il contribue à faire valoir ses compétences, ses habiletés et sa créativité et permet une réflexion qui incite à l'amélioration de ses pratiques professionnelles.

2. Pourquoi monter un portfolio ?

Le portfolio permet à un employeur potentiel de mieux me connaître par mes compétences et mes différentes réalisations. Il peut soutenir une entrevue ou une évaluation professionnelle.

- Le portfolio est une source de satisfaction, car il permet de conserver ses meilleures réalisations.
- Le portfolio privilégie le continuum plutôt que le résultat final, ce qui rejoint les tendances pédagogiques actuelles.
- Le portfolio donne l'opportunité :
  - de synthétiser ses apprentissages et de développer sa créativité ;
  - d'accumuler différentes activités pédagogiques qui pourront être présentées en classe ;
  - de procéder à une autoévaluation de sa formation et de sa pratique professionnelle ;
  - de mieux gérer et de comprendre ses apprentissages ;
  - de prendre conscience de son cheminement, de ses progrès et des défis à relever ;
  - d'exposer concrètement ma philosophie de l'éducation ainsi que mes valeurs et mes croyances.

3. Quels sont les objectifs visés par la réalisation d'un portfolio ?

Le premier objectif que vise le montage d'un portfolio est l'analyse du cheminement professionnel. Il constitue également un soutien lors d'une entrevue, et contient du matériel pédagogique qui peut servir en classe. En plus d'être le reflet de la personnalité pédagogique de son auteur, il incite à l'autoévaluation.

Le portfolio est aussi le lieu de conservation des meilleurs travaux d'élèves des années antérieures ; ceux-ci serviront de modèles pour les classes à venir. Il vise enfin à relier ses apprentissages universitaires à la pratique.

4. Quels sont les éléments à insérer dans un portfolio ?

☞ Une table des matières.
☞ Des activités d'apprentissage réalisées dans les différents cours de formation.
☞ Des sujets de recherche sur des aspects pédagogiques.
☞ Une présentation de soi (ses champs d'intérêt, ses valeurs, ses expériences personnelles). Des réflexions personnelles concernant mes stages ou les cours donnés durant les stages de pratique d'enseignement.
☞ Des articles de revues et de journaux pertinents, et des adresses de sites Web.
☞ Mon curriculum vitæ et mes expériences professionnelles.
☞ Des plans de cours.
☞ Des évaluations de la direction et de mes superviseurs de stage ainsi que des lettres de recommandation.
☞ Une listes d'auteurs et de livres pertinents en éducation.

5. Quels sont les aspects physiques à surveiller dans le format du portfolio ?

Il est essentiel de bien structurer son portfolio par sections, et de l'indiquer au moyen de séparateurs ou d'un code de couleur, par exemple. Le portfolio doit être relié de manière à être facilement modifiable (on doit pourvoir ajouter ou retrancher des éléments aisément). Facile à transporter, un portfolio est fait dans un format pratique, accessible en tout temps et par tous. Les documents qui le composent sont exempts de fautes de français et sont protégés ou plastifiés, de sorte que le portfolio demeure attrayant et propre. Il peut être agrémenté de dessins et de photos, mais il faut éviter de le surcharger.

Partie II

LA RÉALISATION
D'UN PORTFOLIO

2.1 La fiche « entrée de document »

La fiche « entrée de document » est à ce point importante qu'il est faux de croire qu'un portfolio est monté sans avoir rempli cette fiche pour la plupart des documents ou éléments faisant l'objet d'une entrée dans le portfolio. Un portfolio sans fiche d'entrée, c'est comme un album, il peut être une belle collection d'éléments mais il n'explique pas toute la richesse de la vie qui se trouve sous chaque élément non plus que le lien ou le sens qu'il a avec le développement et le cheminement professionnel.

La fiche « entrée de document » que l'on trouve à l'annexe I permet à l'enseignant en formation ou en exercice de faire un retour réflexif sur ses apprentissages ou ses activités d'enseignement et de classer les différentes parties du portfolio en tenant compte du contexte. Elle l'incite aussi à réfléchir aux liens à établir entre les apprentissages ou les activités d'enseignement et les objectifs définis, puis à les préciser, à les clarifier, à les décrire et, finalement, à expliciter et à structurer sa pensée pédagogique. Pour y parvenir, l'enseignant en formation ou en exercice peut constituer un journal de bord portant sur son portfolio.

2.2 Je rassemble les différents éléments constitutifs et significatifs

ATTENTION : les éléments qui suivent ne sont suggérés qu'à titre indicatif.

Il serait facile de dresser une liste exhaustive des éléments à insérer dans un portfolio. Cela irait à l'encontre du principe selon lequel chacun doit s'en prévaloir à sa façon. Il revient donc à chacun de choisir les éléments qui méritent d'y être inclus. Pour ce faire, il s'agit de revoir ce qu'on a fait soit en formation à l'enseignement soit en pratique quotidienne, et de prendre des décisions.

Toutefois, certains éléments font l'unanimité pour leur aspect essentiel.

- ➲ Une table des matières.

  Elle permet de s'y retrouver facilement parmi les différentes parties du portfolio.

- ➲ Une introduction générale de mon portfolio.

  Elle permet de me présenter et de présenter le portfolio. On peut se référer à la partie 2.3 : « Je me présente et je présente mes objectifs ».

- ➲ Mon curriculum vitae (*voir la section 2.4*).

- ➲ Ma pensée sur l'éducation.

  Ma philosophie ou ma vision de l'éducation (*voir la section 2.5*).

  Ma philosophie ou ma vision de la pédagogie (*voir la section 2.6*).

  Mon plan de croissance professionnelle (*voir la section 2.7*).

  L'autoévaluation de mon enseignement (*voir la section 2.10*).

  Des exemples de mes plans de cours qui illustrent les aspects précédents (*voir la section 2.13*).

  Des exemples de travaux de mes élèves qui illustrent mes plans de cours accompagnés de mes commentaires (*voir la section 2.15*).

  La planification à long terme de mes cours (*voir la section 2.16*).

Conseil du prof !

Les éléments significatifs sont ceux qui ont un sens pour moi. Ce devrait être le premier critère de choix des éléments à insérer dans mon portfolio. Ceux-ci sont sûrement liés aux objectifs déterminés par le ministère de l'Éducation et les programmes scolaires, puisque j'enseigne dans ce système. Donc, est-ce que j'aime tel ou tel élément, est-ce que j'en suis fier au point de l'insérer ; voilà ce qui le rend significatif et prioritaire !

Conseil du prof !

Voici cinq questions qui peuvent m'aider dans le choix des éléments à inclure dans mon portfolio :

- ■ Que veux-je que mon portfolio illustre de moi en tant qu'enseignant ? Quelles sont mes caractéristiques et mes habiletés ?

- ■ Que veux-je que mon portfolio illustre de moi comme apprenant ? Qu'ai-je appris et comment l'ai-je appris ?

- ■ Quelles directions mes autoévaluations m'indiquent-elles de suivre par rapport à l'évolution de ma carrière ?

- ■ Quels sont les points forts ou ceux à améliorer dont mes collègues, mes élèves ou la direction m'ont fait part ? Comment devrais-je les mettre en valeur dans mon portfolio ?

- ■ Quelle impression ou image générale de moi aimerais-je que mon portfolio laisse au lecteur[19] ?

www.edu.uleth.ca/fe/ppd/cover.html

---

19. Traduction et adaptation de P. J. T. Winsor, *A Guide to the Development of Professional Portfolios in the Faculty of Education*, 1998.

2.3 | Je me présente et je présente mes objectifs

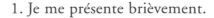
1. Je me présente brièvement.

2. J'explique la façon dont j'ai sélectionné les documents portant sur ma formation professionnelle, par exemple :
- Ces documents sont des travaux réalisés dans des cours, ainsi que des réflexions sur ces travaux ou sur des aspects de ma formation.
- Ces documents peuvent aussi relater des expériences vécues et mes habiletés développées lors des stages.
- Ces documents démontrent bien ma cohérence avec ma philosophie de l'éducation et mon développement professionnel.

3. À l'aide de ces documents, j'explique que je veux :
- présenter un portrait dynamique aussi complet que possible de mon cheminement professionnel ;
- présenter une analyse réflexive de ma formation et de mon expérience professionnelle ;
- démontrer au lecteur que j'ai pris en main ma formation et que je suis responsable de mon développement professionnel ;
- démontrer que mon développement professionnel est en relation avec les objectifs fixés tout au long de ma formation et avec ceux du ministère de l'Éducation.

2.4 | Je présente mon curriculum vitæ

Le curriculum vitæ est l'occasion de présenter les études qu'on a faites, les diplômes qu'on a obtenus et les expériences pertinentes liées la profession.

Mentionnez en premier lieu les études les plus récentes et les derniers diplômes obtenus. L'insertion des relevés de notes de vos études universitaires serait un atout. En dressant la liste des études post-secondaires, identifiez votre « majeur » et votre « mineur » et la date de leur obtention. Ajoutez, s'il y a lieu, les titres des mémoires ou des thèses.

Puis suivra une description sommaire des expériences pertinentes, en commençant par les plus récentes. Expliquez brièvement en quoi les différentes expériences vécues ont enrichi votre potentiel. Pour chaque élément énoncé, précisez la nature de votre responsabilité, le nom et l'adresse de l'employeur, ainsi que le nom de votre supérieur immédiat. Le nouvel employeur voudra sans doute entrer en contact avec cette personne.

Occupiez-vous un poste à temps partiel ou à plein temps? Décrivez sommairement vos tâches afin de démontrer l'adéquation entre ces expériences et l'emploi que vous sollicitez. Vous pouvez vous aider de l'annexe XVI pour constituer votre curriculum vitæ.

2.5 Je présente ma philosophie ou ma vision de l'éducation

Voici quelques thèmes de réflexion qui peuvent être abordés dans cette section.

Conseil du prof !

Ici, la clarté de mes réflexions et leur sincérité valent plus que la longueur et le clinquant !

↪ Ma volonté de m'interroger sur le sens de la vie.

Les élèves et surtout les adolescents perçoivent souvent l'école comme un lieu peu gratifiant. Devant une telle situation, l'enseignant doit remettre en question ses objectifs et ses buts en tant qu'éducateur. Sa présence à l'école se justifie-t-elle seulement en raison d'une matière ou des objectifs qu'il doit transmettre, ou vise-t-elle aussi à promouvoir chez les élèves les outils et les attitudes nécessaires pour donner un sens global à leur vie?

↪ En clarifiant mes valeurs et en respectant les valeurs des autres.

Tout comme la famille, l'école est chargée de socialiser les enfants, en fonction des normes et des valeurs de sa propre culture. Cependant, la connaissance de ses propres valeurs est impérative avant même de vouloir les transmettre aux enfants. Par examen, on constate que parents, enseignants et amis nous ont transmis leurs valeurs, et que ces personnes ont eu une influence sur notre vie. Par osmose et par modélisation, nous transmettons nos valeurs à nos élèves de la même manière que l'ont fait les personnes influentes dans notre vie. Dans un élan naturel, nous voulons, comme enseignant, partager nos valeurs avec nos élèves. Toutefois, la vigilance nous recommande de ne pas les heurter de sorte qu'ils se sentent obligés de les adopter. On peut se sentir contrarié à l'idée que les élèves ne possèdent pas les mêmes valeurs que nous. Tout cela doit être vécu dans le respect des uns et des autres, ce qui est une valeur suprême en éducation !

⟳ Ma volonté de comprendre et d'apprécier les autres cultures, c'est-à-dire avoir une perspective sur le monde qui tienne compte de ma situation et de mon identité mais qui soit à la fois ouverte aux points de vue différents ou nouveaux.

Comprendre et apprécier les différentes cultures est un thème qui peut être vécu dans toutes les disciplines scolaires. À titre d'exemple, l'enseignement du français, langue maternelle de la majorité des élèves. Comme nous sommes entourés d'une mer d'anglophones, il va de soi que nous côtoyons une variété de cultures qui compose notre mosaïque culturelle. La connaissance des autres cultures peut renforcer le sentiment de sécurité linguistique chez les jeunes en leur faisant prendre conscience de la valeur de leur propre culture puis en la comparant à d'autres. Mieux connaître sa culture aide à en saisir toute la richesse et à en être fier. L'admiration pour la culture américaine peut être liée à une méconnaissance de sa propre culture, que l'on dénigre souvent au profit de celle-ci. En connaissant toute la richesse qui émane de leur culture, les élèves auraient peut-être le goût de la découvrir davantage. S'ensuivrait sans doute une plus grande sécurité culturelle. Forts de cette sécurité, ils s'ouvriraient davantage aux autres cultures. Grâce à une meilleure connaissance interculturelle, nous pourrons arriver à une meilleure compréhension entre les peuples et, plus près de nous, nous permettrons à nos élèves de développer un esprit critique accompagné d'une ouverture sur le monde.

Voici d'autres thèmes possibles de réflexion qui peuvent aider à cerner ma philosophie de l'éducation. En donnant une explication relative à l'une ou l'autre des affirmations suivantes, je pourrai dégager ma philosophie ou ma vision de l'éducation :

Accorder une attention réfléchie aux méthodes et aux procédures par lesquelles on cherche à résoudre les différends et les conflits ; ma volonté d'étudier les réalités historiques ainsi que les réalités sociales ou contemporaines propres à la francophonie ; ma volonté de maîtriser la langue française c'est-à-dire m'exprimer en français, avec précision et clarté, tant oralement que par écrit étant donné l'importance de la langue française comme langue maternelle ; ma volonté d'acquérir une aptitude à raisonner et à prendre des décisions d'ordre éthique ; ma prise de conscience de la réalité locale et mondiale ainsi que de l'interdépendance à l'échelle de la planète ; ma volonté à m'engager de façon solidaire dans la vie de la communauté locale et mondiale et ma capacité de le faire[20].

Vous trouverez à l'annexe II un exemple de texte sur la philosophie de l'éducation : « Pourquoi enseigner, au fond où allons-nous ? » Il illustre la façon de répondre aux assertions précédentes.

2.6 Je présente ma philosophie ou ma vision de la pédagogie

Les questions qui suivent sont susceptibles de provoquer une réflexion et de faire émaner ma philosophie ou ma vision de la pédagogie ; quelques-unes sont accompagnées d'une amorce de réponse.

Est-ce que je crois :

☞ Que tous les élèves ont la capacité d'apprendre ?

☞ Que tous les élèves ont la capacité de réussir ?

☞ Que les élèves sont différents au point de vue culturel et de leurs besoins particuliers ?

☞ Qu'il faut traiter les élèves avec respect et les valoriser dans leur différence ?

☞ Que je dois choisir mes stratégies d'enseignement-apprentissage en fonction du développement physique, social, spirituel, émotionnel et intellectuel des élèves ?

Conseil du prof !

N'oublions pas que la pédagogie n'est pas théorique : elle s'incarne dans le « ici et maintenant » de la classe ! Rien ne sert d'écrire de belles théories, si elles n'ont pas été éprouvées en classe.

20. Ces éléments de réflexion sont inspirés de : *Vers une pédagogie actualisante : Mission de la Faculté des sciences de l'éducation et formation initiale à l'enseignement*, Moncton, Faculté des sciences de l'éducation de l'Université de Moncton, 1997.

➲ Qu'il est nécessaire d'utiliser une variété de stratégies d'enseignement-apprentissage pour favoriser une participation active de leur part ?

La participation active est essentielle à tout apprentissage. Lorsqu'un élève est forcé à l'écoute pendant toute une journée, sans pouvoir bouger, il éprouve souvent de la difficulté à se concentrer et à comprendre la matière abordée en classe. L'apprentissage devient alors une tâche plutôt qu'un plaisir. L'élève ressent de la difficulté à intégrer les apprentissages et s'ensuit une frustration de ne pouvoir assimiler la matière. L'apprentissage magistral, où l'apprenant était autrefois placé dans un rôle passif, peut être idéal pour l'élève auditif, mais ne pas convenir à l'élève doté d'une plus grande facilité visuelle et kinesthésique. L'élève actif dans son apprentissage en éprouve une plus grande joie et une meilleure compréhension, car le simple fait de pouvoir se mouvoir à l'intérieur de la classe le tient bien éveillé pour accueillir la matière. Par ailleurs, l'espace restreint auquel les élèves sont confinés ne permet pas cette libre circulation.

Les anciens Grecs avaient bien compris le rôle de la participation active lorsqu'ils proclamaient : « Un esprit sain dans un corps sain ». L'application de cette philosophie est presque disparue de la pédagogie aujourd'hui. Bien que les ratios d'élèves par classe ne permettent pas un mouvement constant, le besoin de mobilité en est un physiologique, normal chez tout être humain. Il faut faire preuve de créativité en organisant des sorties éducatives, des courses au trésor à l'intérieur de la classe ou de l'école ou en laissant les élèves se lever après 15 ou 20 minutes d'inactivité physique... Comme l'enseignant se déplace constamment dans la classe, pourquoi refuser ce besoin aux élèves ?

➲ Qu'il est utile d'acquérir, de créer et d'utiliser une variété de ressources pour rejoindre la façon d'apprendre de mes élèves ?

➲ Qu'il est nécessaire d'amener les élèves à faire des liens entre leurs apprentissages ?

➲ Qu'il est nécessaire de promouvoir chez mes élèves leur autonomie en tant qu'apprenants ?

➲ Qu'il faut utiliser des techniques d'évaluation qui permettent aux élèves de s'assurer qu'ils ont bien assimilé les apprentissages, et peuvent, même, les amener à s'autoévaluer ?

➲ Qu'il est nécessaire de promouvoir auprès des élèves, non seulement des savoirs et des savoir-faire, mais aussi des savoir-être, tels que le respect de soi ?

➲ Qu'il faut se soucier des relations humaines tant avec mes élèves que les élèves entre eux ?

Selon plusieurs sondages effectués auprès des élèves, ceux-ci affirment qu'ils apprennent davantage et même mieux auprès d'enseignants qui leur plaisent. Un élève qui ne peut tolérer ou respecter son enseignant aura sans doute du mal à apprendre. L'enseignant doit donc posséder certaines qualités inhérentes à sa profession pour s'assurer de la qualité de ses relations avec les élèves. Une condition est toutefois primordiale : aimer les enfants. Pour que l'enseignant accepte de travailler chaque jour avec des jeunes, il doit aimer être en contact avec eux. Aimer l'enseignement et la matière qu'on enseigne est tout aussi important. En effet, la passion pour une discipline se reflète dans son enseignement quotidien. Par exemple, si l'enseignant aime l'histoire, il démontrera son intérêt par son animation et par les initiatives prises pour rendre son cours plus intéressant. Le sens de l'humour est tout aussi essentiel, puisqu'il permet une ambiance décontractée dans la classe. L'ouverture d'esprit, la confiance en soi, l'esprit d'initiative, la créativité, l'enthousiasme, le dynamisme et la ponctualité sont d'autres qualités essentielles pour faire d'un enseignant un pédagogue motivant.

> Pour que l'enseignant accepte de travailler chaque jour avec des jeunes, il doit aimer être en contact avec eux. Aimer l'enseignement et la matière qu'on enseigne est tout aussi important.

➲ Qu'il faut établir une bonne gestion afin de permettre un climat sain dans la classe ?

➲ Qu'il est nécessaire de travailler en équipe avec ses collègues ?

➲ Que je dois m'ériger en modèle auprès de mes élèves ?

➲ Que j'exerce la plus belle profession ?

➲ Qu'il est essentiel de travailler en étroite collaboration avec les parents ?

➲ Que je dois rendre compte de mes actions, tant aux élèves qu'aux autres intervenants en éducation[21] ?

Vous trouverez à l'annexe III ce texte-ci : « Ma vision de la pédagogie centrée sur la relation éducative ». Il illustre comment on peut élaborer une vision de la pédagogie en s'inspirant des assertions précédentes.

---

21. *Ibid.*

2.7 J'élabore mon plan de croissance professionnelle

Les manuels de stage des facultés de l'éducation précisent les objectifs visés lors des stages de formation. En général, ces objectifs rejoignent ceux que les ministères de l'Éducation ont inscrits dans leur politique d'évaluation du personnel enseignant.

Ces objectifs permettent de poser les jalons du plan de croissance professionnelle que je propose[22].

Le portfolio pourrait refléter la façon dont j'ai atteint quelques-uns de ces objectifs ainsi que leur degré d'atteinte. Il sert en quelque sorte de bilan de fin de stage pour le stagiaire ou de bilan d'enseignement pour l'enseignant.

Il n'y a pas lieu de se prononcer sur tous les objectifs, mais de s'en tenir à ceux qui constituent mes forces et ceux que j'aimerais améliorer.

À l'annexe V, vous trouverez un exemple de formation continue, qui pourrait servir à élaborer votre plan de croissance.

2.8 Je trace mon autoportrait en relation avec ma pratique professionnelle

Cette section permet de se présenter sous des aspects un peu plus personnels, pourvu qu'ils soient en relation avec ma profession. De nombreuses études ont démontré le lien entre la personnalité personnelle et la personnalité professionnelle. Notre enseignement est le reflet de notre personnalité. Il serait bon de montrer, par exemple, comment mes qualités personnelles pourraient contribuer chaque jour à la pratique de ma profession.

---

22. Voir l'annexe IV.

- Mes valeurs
- Mes champs d'intérêt
- Mes caractéristiques personnelles
- Mes qualités
- Mes habiletés
- Mon style d'apprentissage

Vous trouverez à l'annexe VI un texte qui illustre comment on peut faire part de ses valeurs en rapport avec la profession d'enseignant et à l'annexe XVIII des réflexions concernant l'autoportrait et la pratique professionnelle.

2.9 Je construis mon modèle pédagogique

Pour réaliser son propre modèle pédagogique, on peut se référer à l'annexe VII « Les objectifs de formation de la Faculté » ou à l'annexe VIII, « Exemple d'un modèle pédagogique ».

FIGURE 2 Mon modèle pédagogique

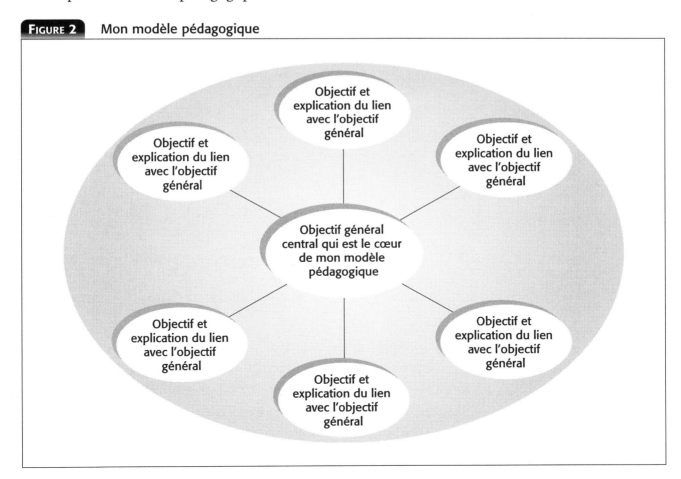

Il s'agit de placer au centre de votre modèle l'objectif qui vous semble le plus significatif, celui qui serait au cœur de votre conception de l'enseignement. Vous choisissez quatre ou cinq sous-objectifs qui gravitent autour de cet objectif central, puis vous expliquez en quoi ils sont interreliés à l'aide d'exemples concrets tirés de votre vécu enseignant.

2.10 Je fais une autoévaluation de ma pratique professionnelle

La connaissance de soi facilite l'authenticité en classe.

L'autoévaluation est un moyen privilégié d'être autonome dans sa démarche d'apprentissage et de développement professionnel. Pour être authentique devant les élèves, je dois me connaître en tant qu'individu ; je dois aussi m'améliorer, me surpasser. Souvent, la représentation que nous nous faisons de l'autre est issue de stéréotypes bien ancrés au fond de nous-même et sert de refuge à nos préjugés. Il arrive parfois que l'on juge rapidement quelqu'un en raison de sa différence. Notre spontanéité peut nous tromper, et les images fausses qu'elle suscite sont souvent le fruit d'un mécanisme de défense. Mais ces mécanismes n'ont pas de prise si nous nous connaissons bien. Cette connaissance de soi augmente notre estime et notre confiance en soi.

La connaissance de soi facilite l'authenticité en classe. Le masque est le reflet d'une méconnaissance de soi. Ce masque, les élèves savent le percer à jour ; en outre, il devient une entrave à la relation éducative car il s'érige en mur entre l'enseignant et l'élève.

Les trois grilles suivantes présentent trois angles sous lesquels je peux m'autoévaluer en fonction de ma pratique professionnelle :

- La grille d'observation formative sur ma pratique professionnelle (*annexe IX*).
  Cette grille porte sur différents aspects spécifiques de la prestation d'une leçon en classe.
- Le modèle d'analyse réflexive (*annexe X*).
  Ce modèle porte sur l'ensemble de la pratique professionnelle en adoptant une démarche réflexive ou une pratique réfléchie.
- Autoévaluation de ma pratique professionnelle (*annexe XI*).
  Cette grille porte sur les relations interpersonnelles avec les élèves en classe.

Vous trouverez à l'annexe XII un texte intitulé « La seule motivation de l'enseignant : être soi-même sur le plan professionnel » ; il donne un sens à la nécessité de s'autoévaluer dans l'enseignement. L'annexe XIX, quant à elle, offre un modèle pour l'élaboration d'une synthèse de l'autoévaluation.

2.11 J'établis mon modèle de gestion de classe

De nos jours, la gestion de classe a pris une importance grandissante dans l'enseignement. Mais cette gestion ne consiste pas seulement à faire de la « discipline ». Les stratégies d'enseignement, les approches pédagogiques, les activités d'apprentissage, la motivation des élèves et la façon de les encadrer sont tous des facteurs qui contribuent à la gestion de classe. Le modèle proposé ici illustre bien l'apport de ces différents facteurs et peut m'aider à me situer comme enseignant, selon le style que j'adopte. Notons que ce modèle ne mentionne pas le « style pragmatique » qui serait, selon mon expérience, le style le plus approprié : appliquer au moment opportun, la décision qui me semble réfléchie. L'annexe XX permet d'amorcer une réflexion sur la gestion de classe.

Le schéma suivant illustre la place particulière de la gestion de classe participative par rapport aux autres types de gestion de classe. Il met au premier plan l'intégration des trois E (enfants, enseignants, enseignement)[23].

23. J. Caron, *Quand revient septembre… recueil d'outils organisationnels*, vol. 2, Montréal, Les Éditions de la Chenelière, 1997, p. 12.

FIGURE 3 Les styles de gestion de classe

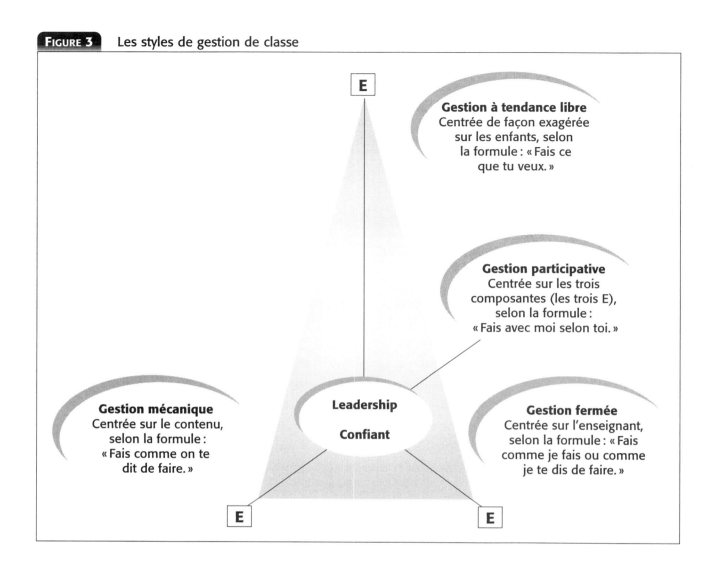

2.12 | J'identifie des stratégies d'enseignement ou des approches pédagogiques

L'identification de stratégies d'enseignement ou d'approches péda-gogiques se fait en lien avec ma philosophie de l'éducation et de la pédagogie.

On peut se référer aux deux ouvrages de Caron[24] pour des informations pertinentes sur la plupart des stratégies ou approches mentionnées ici. De plus, le site «Arbre des différences potentielles» présente une analyse très intéressante de ces approches et stratégies. Ces informations vous aideront à mieux organiser votre pensée pédagogique liée à votre pratique d'enseignant.

parcours-diversifies. scola.ac-paris.fr/PERETTI/ arbre.htm

Voici des exemples de stratégies ou d'approches pédagogiques[25].

Descripteurs pédagogiques

- Pédagogie de l'unicité
- Pédagogie de la coopération
- Pédagogie de la participation et de l'autonomie
- Portfolio
- Apprentissage coopératif
- Conseil de coopération
- Pédagogie du projet
- Pédagogie de la conscientisation et de l'engagement
- Centres d'apprentissage
- Centres d'intérêt
- Styles d'apprentissage
- Pédagogie du jeu
- Application pédagogique de l'ordinateur (APO)
- Pédagogie de l'accueil et de l'appartenance
- Démarche scientifique
- Pédagogie de l'inclusion (élèves exceptionnels)
- Pédagogie du questionnement
- Courrier électronique (aux fins de l'apprentissage)
- Apprentissage assisté des pairs (tutorat ou enseignement tutoriel)
- Approche modulaire
- Enseignement programmé
- Visualisation (techniques de… aux fins de l'apprentissage)
- Éducation dans une perspective planétaire (ÉPP)
- Travail en projet
- Pédagogie par la découverte

- Enrichissement (activités d')
- Internet (utilisation pédagogique du réseau)
- Enseignement en équipe
- Éducation interculturelle
- Pédagogie de la maîtrise (ou pédagogie de la réussite)
- Éducation aux droits humains et à la démocratie
- École de qualité (approche William Glaser)
- Éducation relative à l'environnement
- Pédagogie du contrat
- Pédagogie active
- Éducation à la solidarité locale et internationale
- Pédagogie ouverte
- Pédagogie intégrative et réflexive
- Gestion mentale (entraînement des élèves à la)
- Programme d'enrichissement instrumental (Feverstein)
- Baccalauréat international (secondaire)
- Stratégies d'apprentissage (entraînement des élèves aux)
- Intégration des savoirs (ou intégration des matières)
- Parents (participation des… à la vie de la classe)
- Groupe multiâge
- Apprentissage continu (ou continuité des apprentissages)
- Approche multimédia
- Vidéo (utilisation de la… aux fins de l'apprentissage)

24. J. Caron, *Quand revient septembre… guide sur la gestion participative de la classe*, vol. 1, Montréal, Les Éditions de la Chenelière, 1994 ; *Quand revient septembre… recueil d'outils organisationnels*, vol. 2, Montréal, Les Éditions de la Chenelière, 1997.

25. Service des stages de la Faculté des sciences de l'éducation de l'Université de Moncton.

2.13 | Je présente des exemples de mes plans de cours

Les plans de cours aident l'enseignant à planifier sa leçon. Le plan permet de réfléchir au déroulement du cours et de procéder, après celui-ci, à une analyse réflexive de la prestation donnée auprès des élèves.

Ce plan me sert de guide, et les élèves se sentent dirigés par leur enseignant — ce qui augmente leur confiance envers la personne enseignante. En outre, il facilite l'organisation pédagogique si la matière à enseigner est dense.

Le plan de cours n'empêche pas les imprévus, mais, sans cette bonne planification, aucune flexibilité n'est possible.

Peu importe le modèle que l'on adoptera, le plan de cours doit être au service du processus enseignement-apprentissage.

Exemple d'un plan de cours (*voir aussi l'annexe XXI*).

1. TITRE DE LA LEÇON : en abrégé, pour indiquer le contenu de la leçon.

2. OBJECTIF GÉNÉRAL : ensemble dont font partie le ou les objectifs spécifiques, il peut s'agir d'une unité ou d'une section de la matière, ou même d'un module du programme.

3. OBJECTIF(S) SPÉCIFIQUE(S) : en termes d'objectif(s) ou de contenu(s) précis.

4. DÉROULEMENT : il comprend la mise en situation et la motivation, la ou les méthodes d'enseignement et la ou les activités ou stratégies d'apprentissage selon un déroulement chronologique.

↳ La mise en situation et motivation (différentes possibilités, une ou plusieurs) :
  – s'assurer des acquis nécessaires pour cette leçon ;
  – prévoir un déclencheur motivationnel pour cette leçon ;
  – faire un rappel des connaissances antérieures par rapport au(x) contenu(s) de cette leçon ;
  – faire une révision de la leçon précédente en lien avec la leçon actuelle ou un retour sur le devoir à faire ;
  – vérifier auprès des élèves le matériel nécessaire.

La ou les méthodes d'enseignement :
- tout ce que l'enseignant fait pendant la leçon : le quoi, le où, le quand et le comment, dans l'ordre du déroulement de la leçon (détailler ce que fait l'enseignant en termes de questions, d'utilisation du matériel pédagogique ou didactique, de communication orale, d'évaluation formative, d'applications ou d'exercices en classe, de révisions ou synthèses et de toutes les consignes nécessaires à l'exécution des stratégies d'enseignement.

La ou les activités ou stratégies d'apprentissage :
- tout ce que fait l'élève : quoi, où, quand et comment ; donc, toutes les consignes nécessaires en fonction de la méthode d'enseignement ;
- une synthèse finale.

5. MATÉRIEL : liste du matériel nécessaire pour l'enseignant et l'élève.

6. DEVOIRS, selon le cas, ÉVALUATIONS (test ou examen), selon le cas, ACTIVITÉS SUPPLÉMENTAIRES, selon le cas :

Les devoirs : donner aux élèves les explications pour les exécuter.

Les évaluations : test ou examen qui suivra et sa forme, prévoir l'instrument de mesure et son barème.

Les activités supplémentaires : activités secours ou de récupération.

2.14 Je présente le matériel pédagogique que j'ai créé

Au cours de sa pratique, il arrive que l'enseignant doive produire lui-même des outils pédagogiques, ce qui suscite en lui une certaine fierté car il incarne sa propre vision de l'enseignement. On y consacre en général beaucoup de temps et d'attention. La plupart du temps, l'enseignant crée un nouveau matériel, plus adapté aux besoins de ses élèves et pour mieux les rejoindre dans le « ici et maintenant » de la classe.

Voici quelques éléments dont on pourrait tenir compte dans la création de matériel pédagogique et qui servent à en juger la valeur. Il est possible de présenter ces éléments dans le cadre d'un portfolio.

Ai-je bien défini les objectifs poursuivis et les résultats espérés en fonction du programme scolaire ?

Ce matériel répond-il aux besoins des différents styles d'apprentissage des élèves ?

⮑ Son utilisation se prête-t-elle au travail individuel ou d'équipe ?

⮑ Est-il un outil intéressant selon la connaissance que j'ai de mes élèves ?

⮑ Ce matériel permettra-t-il aux élèves d'établir des liens entre les apprentissages qu'ils maîtrisent et ceux qu'ils sont conviés à réaliser à l'aide de ce nouveau matériel ?

⮑ Est-il facile d'utilisation pour les élèves ?

⮑ Ce matériel permettra-t-il des activités d'apprentissage réalistes en fonction du temps, du local et des outils pédagogiques disponibles (ordinateur, crayons-feutres, cartons…) ?

⮑ Quel sera le coût de ce matériel ? Ai-je les fonds pour le réaliser ?

Ces huit éléments (et on pourrait allonger la liste) permettent de constater que créer son propre matériel pédagogique est un travail titanesque. Mais créer son matériel n'est-il pas une façon concrète de s'approprier le tandem enseignement-apprentissage ? Inséré dans le portfolio, ce matériel montre un aspect important de l'expertise de l'enseignant. Celui-ci pourra, d'année en année, créer du nouveau matériel pédagogique et perfectionner son contenu. Il pourrait avoir la forme suivante : recueil de lecture, cahier d'activités, exercices d'apprentissage, activités d'enrichissement, et ainsi de suite.

L'enseignant en exercice pourrait avoir mis au point des outils répondant à des besoins particuliers, notamment pour des enfants qui présentent un des problèmes suivants : comportemental, dyslexique, langagier, visuel, autistique ou psychomotrique.

2.15 | Je présente des travaux de mes élèves

Les travaux d'élèves sont une façon très visuelle d'illustrer ma démarche pédagogique. Présenter une courte introduction pourrait se révéler judicieux pour montrer que ces travaux sont en lien avec ma démarche pédagogique. En voici quelques exemples :

Français :

⮑ Une liste des lectures effectuées et quelques résumés de lecture.

⮑ Des textes écrits par les élèves.

Question : pourquoi désirez-vous travailler ici ?

Conseils : mentionnez tout ce que vous savez au sujet de l'école. Au besoin, mettez-la en valeur (par exemple, sa réputation). Indiquez les efforts que vous avez déployés pour rassembler tous ces renseignements. Précisez que vous aimez votre profession et indiquez que vos compétences correspondent tout à fait aux exigences de l'école.

Question : quels sont vos points forts ?

Conseils : soulignez qu'outre votre compétence, votre formation et votre expérience, vous possédez aussi des qualités liées à l'emploi que vous postulez : fiabilité, enthousiasme, souplesse et efficacité. Vous pourriez donner des exemples si le temps dont vous disposez vous le permet.

Question : quels sont vos points faibles ?

Conseils : commencez par un énoncé positif ; par exemple : « Je crois qu'il est très important de respecter les délais, de satisfaire les besoins des élèves. Je m'efforce d'être patient, diplomate ou ferme devant telles situations. » Décrivez d'emblée tout point faible susceptible d'être remarqué dès votre entrée en fonction et comment l'améliorer. Chaque fois que vous soulevez un doute, expliquez clairement votre pensée.

Question : quelle est votre philosophie de l'éducation et de l'enseignement-apprentissage ?

Conseils : assurez-vous que vos réponses ont trait à l'emploi, en mettant l'accent sur le contenu de votre portfolio. Vos réponses devraient porter sur des aspects concrets de l'enseignement, évitez donc d'être trop théorique.

Question : pouvez-vous travailler sous pression ou avec des contraintes, comme cela peut arriver dans une classe de 25 ou 30 élèves ?

Conseils : donnez des exemples pertinents de votre capacité à travailler sous pression. Décrivez, d'après vous, ce qu'est une pression normale pour le genre de poste que vous postulez. Exposez ce qu'est, à votre avis, une bonne gestion de classe.

Question : une situation difficile se présente, quelle serait votre solution ?

Conseils : décrivez une situation semblable pour laquelle vous avez trouvé la solution. Décrivez l'expérience, les compétences et les qualités que vous avez acquises dans de telles situations. Exposez vos stratégies pour encadrer et motiver les élèves tels qu'illustrés dans votre portfolio.

À l'entrevue

Il importe de faire bonne impression au moment de l'entrevue. Voici quelques conseils à ce sujet.

Votre tenue est votre miroir. Veillez à vous vêtir de façon appropriée.

Apportez une chemise contenant un résumé de votre portfolio, des lettres de recommandation et des références de vos anciens employeurs.

Soyez attentif et enthousiaste, et gardez un contact visuel avec l'interviewer.

Il est bon de prendre des notes durant l'entrevue. Notez les éléments qui vous semblent pertinents. Cela démontrera à l'interviewer votre intérêt pour le poste et mettra votre minutie en valeur. Ces notes vous permettront d'évaluer les avantages et les inconvénients propres à ce poste.

Après l'entrevue

N'oubliez pas de laisser à l'employeur une brochure qui résume votre portfolio.

Suivi après l'entrevue

Après l'entrevue, il reste encore un effort à accomplir : effectuer un suivi. Il peut s'agir tout simplement de faire un appel téléphonique ou d'écrire une lettre de remerciement.

Ces quelques réflexions sont tirées du site « Se préparer à l'entrevue ». La personne qui désire obtenir plus de renseignements peut consulter ce site.

www.hrdc-drhc.gc.ca/hrib/hrp-prh/pi-ip/career-carriere/francais/products/takecharge/tc-41_f.shtml

Ou visiter celui-ci :

www.mediom.com/~jpigeon/home.html

D'autres réflexions sont inspirées de Campbell[26].

---

26. M. D. Campbell et coll., *How to Develop a Professional Portfolio. A Manual for Teachers*, Allyn and Bacon, A Pearson Education Company, MA, 2001.

Partie III

PEDAGOGIE OBJECTIFS REALISATIONS PLANS DE
CE VISION CROISSANCE CRÉATION DOCUMENT TRAVA
RAIT STRATÉGIE APPROCHE BUT PLANIFICATION CI

LES ANNEXES

ANNEXE I

La fiche « entrée de documents »[27]

Nom : _____ **Date :** _____

Titre du document : _____

Description de l'activité d'apprentissage :

_____

_____

Liens avec le ou les objectifs choisis en relation avec mon cheminement professionnel (mes objectifs professionnels) :

_____

_____

Lien avec le ou les objectifs choisis en relation avec ma philosophie de l'éducation ou de la pédagogie ; lien avec les autres apprentissages choisis :

_____

_____

Autocritique de cet apprentissage : au moins un des trois éléments suivants ou deux, ou les trois (difficultés rencontrées ; ce que j'ai appris ; points à améliorer) :

_____

_____

---

27. Inspiré du modèle élaboré par Hélène Gravel et Richard Desjardins.

EXEMPLE A

Fiche « entrée de document »

Nom : Geneviève Gagnon
Étudiante au baccalauréat en éducation au primaire
Université de Moncton

Titre du document : Centre d'apprentissage en lecture   **Cours :** Didactique de la lecture

Description de l'activité d'apprentissage

Dans les paragraphes qui suivront, je vous présenterai une brève description de quelques centres d'apprentissage en lecture qu'un enseignant pourrait réaliser en classe avec ses élèves. Commençons tout d'abord par le premier centre :

Activité 1 : une histoire sans fin

L'enseignant a créé un grand livre d'histoire à l'aide d'affiches qu'il présente aux élèves. Les élèves et les membres de leurs équipes sont invités à lire le début de cette histoire, que l'enseignant a laissée incomplète. Ils tenteront par la suite de composer la suite et la fin de l'histoire en écrivant leurs prédictions et leurs hypothèses. À la fin de l'activité, les élèves devront remettre leurs copies à l'enseignant en prenant soin de glisser celles-ci dans une enveloppe prévue à cet effet.

Activité 2 : méli-mélo (la reconstitution d'une bande dessinée)

Une petite histoire tirée d'une bande dessinée sera découpée et collée sur un carton ; l'enseignant devra la redécouper par la suite de façon à créer un casse-tête. Afin de bien reproduire la bande dessinée, les élèves devront travailler en équipe.

Activité 3 : que dit ta bulle ?

L'enseignant devra trouver une courte histoire à l'intérieur d'une bande dessinée, puis il masquera le contenu des bulles en prenant soin de ne laisser que les images. Chaque groupe devra inventer une partie de l'histoire en écrivant son texte dans les bulles vides. Attention ! Chaque équipe ne remplira qu'une seule case de la bande dessinée de sorte qu'à la fin de l'activité chaque groupe aura participé à la création d'une nouvelle histoire.

Activité 4 : dessine-moi ce qui te vient en tête

Nous ferons la découverte des arts graphiques grâce à nos jeunes dessinateurs. Pour ce faire, l'enseignant distribue une grande feuille vierge aux élèves car, après avoir lu la partie d'une histoire qui lui sera remise, chaque groupe sera invité à y dessiner l'idée maîtresse ou les détails qui pourraient en faciliter la compréhension. Puis un membre de l'équipe sera désigné pour expliquer la signification des dessins. Il est intéressant de constater que cette activité permet aux élèves de relire leurs textes pour y trouver des informations pertinentes afin de bien terminer leurs dessins.

Activité 5 : à vos crayons !

L'enseignant choisit une histoire et en identifie les thèmes ou les mots importants. À partir de ceux-ci, les élèves devront reconstruire l'histoire en conservant l'ordre logique des mots. Chaque groupe devra rédiger sa propre histoire qui, une fois terminée, sera glissée dans une enveloppe prévue à cet effet. L'enseignant prendra soin de lire attentivement chaque production écrite.

Signification de l'apprentissage (Pourquoi je l'ai retenue ?)

De nos jours, l'enseignement de la lecture est perçu comme un processus actif et dynamique dans l'apprentissage des enfants, c'est pourquoi nous sommes en mesure de dire que celle-ci s'est beaucoup transformée à l'école primaire. Grâce à leurs interactions avec leur environnement, les élèves prennent conscience de l'importance de l'écriture et de la lecture dans la société. Sans la lecture ou l'écriture, la vie est presque impossible, quoique certaines personnes parviennent à se débrouiller sans ces deux composantes.

Dans un même ordre d'idées, il importe de mentionner le rôle des enseignants, des parents et des autres adultes dans l'apprentissage de la lecture car, sans eux, le jeune apprenant ne peut faire ses armes en lecture et en écriture. C'est par ce contact diversifié que l'enfant découvre l'aspect fonctionnel de la communication et qu'il développe un intérêt pour l'écriture et la lecture. En classe, le texte suscite la curiosité de l'élève et élargit son univers culturel. La variété des textes (narratifs, descriptifs, explicatifs, poétiques) aide à développer différentes aptitudes en lecture et permet un apprentissage continu, à l'école comme à la maison, tout en favorisant l'amour du livre et le goût de lire.

Lien avec le ou les objectifs de ce cours : RAG

- Connaître le processus d'apprentissage relatif à la lecture ainsi que l'étendue, la profondeur et la séquence des concepts à développer en lecture au primaire.
- Savoir choisir ou développer des méthodes d'enseignement, du matériel éducatif, des procédés d'enseignement et d'évaluation.

Lien avec le ou les objectifs de la mission

Formation générale et globale
Dimension : développer une solide formation générale.
Maîtriser la langue française : s'exprimer en français, avec précision et clarté, tant oralement que par écrit.
Formation pédagogique
Dimension : démontrer un haut degré de formation pédagogique.
Démontrer des habiletés à développer des relations interpersonnelles et à communiquer.

Lien avec les autres apprentissages sélectionnés

Il vous sera possible de faire la lecture de cet élément à la fin de mon travail car les liens seront disposés de façon à former un tout.

Autocritique de cet apprentissage

- La ou les difficultés rencontrées
  Le temps alloué ne peut être déterminé à l'avance car il varie d'un centre à un autre.
  Certaines équipes sont plus rapides que d'autres pour effectuer le travail.
- Ce que j'ai appris
  Qu'il est important de diversifier ses stratégies d'enseignement afin de rendre le contenu plus intéressant pour les élèves.
  Créer des activités significatives pour leur permettre d'apprendre avec plaisir.

EXEMPLE B

Fiche « entrée de document »

Titre du document : Scénario pédagogique   **Cours :** Les ordinateurs à l'école

Description de l'activité d'apprentissage

Pour aborder le sujet de la puberté avec les élèves, l'enseignant doit préparer sa classe de façon à les accueillir dans un univers leur expliquant les transformations physiques qui surviennent à l'adolescence, en présentant des affiches sur le corps humain ou en invitant l'infirmière de l'école à leur faire une brève présentation sur le sujet. L'enseignant doit susciter l'intérêt des élèves dans le but de les motiver à effectuer les exercices qui leur seront présentés tout au long du cours.

En ce qui concerne le scénario pédagogique, le rôle de l'enseignant consistera à présenter l'activité « Te connais-tu ? » aux élèves en leur expliquant comment ils devront procéder et quels fichiers ils devront ouvrir pour accomplir leur travail. Pour assurer une bonne gestion de sa classe, il serait bon de circuler entre chaque équipe afin de leur fournir l'aide nécessaire et de leur donner la chance d'explorer leurs propres découvertes. L'enseignant reste dans la classe pour y assurer une certaine surveillance et intervient uniquement si les élèves ont besoin d'aide.

Tâche 1 : les élèves identifient les parties de l'appareil génital masculin et féminin à l'aide d'une feuille qu'ils trouveront dans ClarisWork (sur disquette).

Tâche 2 : les élèves peuvent vérifier l'exactitude de leurs réponses en consultant et en se référant au site « Amour et sexualité » prévu à cet effet qui se trouve à l'adresse suivante : perso.wanadoo.fr/amour/sexualite/htm/anatomie.htm

Tâche 3 : les élèves essaient de clarifier certains problèmes qui se présentent chez la fille et chez le garçon tels que présentés par leur enseignant en prenant soin d'ouvrir le deuxième fichier de l'activité, soit le ficher Word.

Situation d'objectivation

Après avoir terminé l'activité, il serait important d'objectiver la situation ; cela permet de faire un bref retour sur l'activité en posant aux élèves certaines questions relatives à ce qu'ils ont appris. On fait appel à leurs connaissances nouvelles et antérieures, en plus de favoriser un échange à l'intérieur du groupe-classe de façon à communiquer ses découvertes, ses satisfactions relativement à l'activité, ses commentaires et suggestions.

Exemple de questions

Sur le plan de la découverte : dis-moi ce que tu as appris.

Sur le plan de la démarche : décris-moi les étapes que tu as suivies pour réaliser cette activité, ce que tu as trouvé facile ou difficile et pourquoi, ainsi de suite.

Sur le plan des attitudes : dis-moi comment tes camarades de classe ont pu t'aider.

Signification de l'apprentissage (Pourquoi je l'ai retenue ?)

Depuis la nuit des temps, l'être humain ne cesse de se développer. Chacun d'entre nous, au moment de son adolescence, a vécu diverses transformations corporelles. Les élèves se posent mille et une questions à propos de ce sujet qui, autrefois, était tabou. L'école, de concert avec la famille, doit favoriser un développement physique, intellectuel et social le plus harmonieux possible pour les élèves, en leur donnant la chance de s'épanouir pleinement. Ces jeunes adolescents auront besoin de l'aide de ceux et celles qui les entourent pour vivre en toute confiance cette nouvelle étape de leur vie. C'est pourquoi mon scénario pédagogique rejoint le cours « Formation personnelle et sociale ». (7ᵉ année)

Lien avec le ou les objectifs de ce cours : RAG

- Mettre en œuvre la technique éducative dans le cadre d'une pédagogie actualisante.
- Utiliser le matériel multimédia pour enrichir l'enseignement et promouvoir l'apprentissage.
- Développer des outils d'enseignement en utilisant les NTIC.
- Adapter la technique éducative et utiliser des outils spécialisés de façon à promouvoir l'intégration de tous les élèves sur le plan pédagogique.

Lien avec le ou les objectifs de la mission

Formation générale et globale
- Développer une solide formation générale.
- Être capable d'apprendre par soi-même : avoir acquis les habitudes de travail intellectuel appropriées à un renouvellement continuel.
- Développer le sens de la responsabilité sociale et la conscience…
- Savoir s'interroger sur le sens de la vie.

Formation pédagogique
- Démontrer un haut degré de formation pédagogique.
- Se connaître comme personne, être capable d'autocritique et de développement personnel.
- Démontrer des habiletés à développer des relations interpersonnelles et à communiquer.
- Savoir utiliser l'ordinateur à des fins pédagogiques.

Autocritique de cet apprentissage

- La ou les difficultés rencontrées
  J'ai trouvé complexe la création de cette activité. Au début, j'ai dû apprendre à travailler avec un nouveau programme qui m'était complètement inconnu : ClarisWork. Plusieurs problèmes sont survenus lors de la mise en œuvre du scénario : des hyperliens qui ne fonctionnaient pas, des problèmes avec les couleurs de fond, la disquette qui ne voulait pas coopérer et l'ordinateur qui décidait de prendre un léger repos en gelant ses circuits ! Heureusement, après plusieurs longues heures de labeur, j'ai réussi à faire fonctionner mes adresses Internet et à terminer les activités. Tout est bien qui finit bien !

- Ce que j'ai appris

  Qu'il existe une multitude de sites Internet pouvant venir en aide aux élèves lors de leur adolescence. De plus, le cours « Formation personnelle et sociale » favorise les échanges, le partenariat, le respect et plusieurs autres belles choses ; alors, je suis très heureuse d'avoir appris à utiliser ces programmes, car ils me permettront de créer encore plein de belles activités pour mes élèves.

- Point à améliorer

  Apprivoiser les programmes qui me sont inconnus.

ANNEXE II

Ma philosophie de l'éducation.
Pourquoi enseigner, au fond où allons-nous ?
(La philosophie d'Antoine de Saint-Exupéry dans ma profession)

Comme être humain, il m'arrive souvent de me poser cette question : où allons-nous dans la vie ? Je me la pose beaucoup en classe. À 17 ans, j'ai trouvé une réponse, qui demeure la même aujourd'hui : chercher, continuer à chercher... J'avais cet âge lorsque j'ai lu *Terre des hommes* pour la première fois, âge où l'on a les solutions pour résoudre tous les problèmes, où l'on peut refaire le monde en un tournemain, à la manière d'un magicien. À cet âge, il suffit de vouloir pour croire que tout peut se réaliser. On a la certitude que tout est possible, on possède tous les idéaux parce qu'il n'y a qu'un seul idéal qui compte, celui d'aller au bout de soi, un peu comme Guillaumet qui, dans sa marche à travers les Andes, s'est relevé et a marché des jours et des nuits pour garder l'espoir. Dix-sept ans est l'âge de l'infini, de l'absolu où il n'y a aucun compromis possible.

Trente ans plus tard, j'ai relu *Terre des hommes* et je m'y retrouve encore, j'y retrouve ces valeurs qui rendent l'être humain vrai ; sinon, la vie n'a pas de sens. Au fil du temps, la vie nous apprend à perdre certaines de nos intransigeances, de nos absolus qui, en y regardant de près, sont souvent des illusions d'adolescents. Il nous reste également de moins en moins de certitudes, mais on s'accroche à celles qui nous restent, comme Saint-Exupéry s'accrochait à son moteur d'avion au-dessus du désert.

Tout au long de ma carrière, j'ai appris à respecter mes élèves par-dessus tout : ils sont mes camarades. J'ai compris au fil des ans qu'ils comptaient sur moi. Guillaumet se disait, désespéré et seul dans sa marche dans le froid et dans la neige au milieu des Andes, qu'il devait continuer à avancer parce que ses camarades croyaient qu'il marchait et que, pour ne pas trahir leur confiance, il devait continuer à marcher. Retourner à l'école tous les matins et essayer de répondre inlassablement aux attentes de mes élèves est souvent une marche dans le froid et dans la solitude, mais c'est la seule marche que la vie me demande d'accomplir, c'est ma vérité. Il s'agit non seulement d'être fidèle envers les autres humains, mais surtout envers soi-même. L'homme responsable de ses camarades et du courrier, c'est un noble idéal à l'adolescence, mais c'est une réalité incontournable dans une vie où respect et fidélité envers ceux qui croient en nous occupent la première place, dans mon cas : ma femme, mes enfants, mes élèves ; sinon, comment peut-on se regarder droit dans les yeux, dans le miroir, tous les matins ?

Est-ce bien la terre de tous les hommes, de tous les êtres humains ? Je pense à Sarajevo, à la Bosnie, à Zlata, à ces enfants qui s'amusaient dans la neige et qu'un obus a frappé en pulvérisant leur sourire, où pointait l'espoir d'une vie meilleure. Je pense aux 35 % (et plus) de décrocheurs dans nos écoles... Et je relis ces dernières lignes de *Terre des hommes* :

« Je m'assis en face d'un couple. Entre l'homme et la femme, l'enfant, tant bien que mal, avait fait son creux, et il dormait. Mais il se retourna dans le sommeil, et son visage m'apparut sous la veilleuse. Ah ! quel adorable visage !

Il était né de ce couple-là une sorte de fruit doré. Il était né de ces lourdes hardes cette réussite de charme et de grâce. Je me penchai sur ce front lisse, sur cette douce moue des lèvres, et je me dis : voici Mozart enfant, voici une belle promesse de la vie. Les petits princes des légendes n'étaient point différents de lui : protégé, entouré, cultivé, que ne saurait-il devenir ! Quand il naît par mutation dans les jardins une rose nouvelle, voilà tous les jardiniers qui s'émeuvent. On isole la rose, on cultive la rose, on la favorise. Mais il n'est point de jardinier pour les hommes. Mozart enfant sera marqué comme les autres par la machine à emboutir… Mozart est condamné.

Et je regagnai mon wagon. Je me disais : ces gens ne souffrent guère de leur sort. Et ce n'est point la charité ici qui me tourmente. Il ne s'agit point de s'attendrir sur une plaie éternellement rouverte. Ceux qui la portent ne la sentent pas. C'est quelque chose comme l'espèce humaine et non l'individu qui est blessé ici, qui est lésé. Je ne crois guère à la pitié. Ce qui me tourmente, c'est le point de vue du jardinier. Ce qui me tourmente ce n'est point cette misère, dans laquelle, après tout, on s'installe aussi bien que dans la paresse… Ce qui me tourmente, les soupes populaires ne le guérissent point. Ce qui me tourmente, ce ne sont ni ces creux, ni ces bosses, ni cette laideur. C'est un peu, dans chacun de ces hommes, Mozart assassiné. »

Cet extrait est toujours d'actualité, sinon comment espérer un monde meilleur, comment continuer à enseigner si je ne crois pas que tous mes élèves peuvent réussir, comment continuer à enseigner si je ne vois pas en chacun d'eux tout l'espoir d'un Mozart ! Comment croire qu'il est possible de raccrocher ces décrocheurs ? Pourquoi aider tous ces jeunes itinérants de nos grandes villes si on n'a pas l'espoir de leur trouver une oasis où règne le calme, le respect, une véritable terre des hommes ?

Référence : Antoine de Saint-Exupéry, *Terre des hommes*, Paris, Gallimard, 1938.

ANNEXE III

Ma vision de la pédagogie : centrée sur la relation éducative

À l'heure actuelle en éducation, la mode consiste à discourir sur la qualité qu'on trouve (devrait-on dire : ne trouve pas) dans nos écoles ! On peut facilement lier ce discours avec ceux portant sur l'excellence et la formation fondamentale. Au milieu de ces nombreux bavardages, il existe un point de convergence concernant une interrogation qui en exaspère certains et en gêne plus d'un : l'école manque-t-elle son coup ? Ainsi, il nous faut (re)trouver la qualité de cette scolarisation que nous imposons à nos enfants, tantôt en prônant les valeurs d'excellence (qui en font trembler plus d'un en les mettant béatement au garde-à-vous devant ces ténors qui ont « réussi » et qui sont « bien en vue » dans notre société), tantôt en prônant un de ces nouveaux discours idéologiques issus de ce retour aux sources qu'est la formation fondamentale. De plus, un autre slogan est en passe de devenir à la mode chez les bien-pensants en éducation : la démocratisation de la qualité ! Ce slogan fera sans doute partie de quelque dictionnaire en éducation.

Pourquoi autant de beaux mots en éducation, pourquoi autant de slogans creux, pourquoi autant de pelletage de nuages ? Parce qu'ils ne sont pas collés à la réalité quotidienne. J'aimerais voir ces ministres de l'Éducation, ces scientifiques de l'éducation, ces présidents de société solutions en main, devant une classe de plus de 30 élèves par un vendredi après-midi de novembre froid et pluvieux, alors que ces élèves en sont à leur sixième cours de la journée et à leur 30e cours de la semaine et que leur professeur en est à son 24e cours et à son 200e élève de la semaine ! J'aimerais que ces mentors m'expliquent ce qu'est « la qualité de l'excellence de la formation fondamentale démocratique obligatoire pour tous » dans la relation éducative quotidienne avec mes élèves. Dans la foulée des nombreuses commissions sur l'éducation qui se sont tenues au Québec et dans d'autres provinces, plusieurs colloques réunissant de nombreux experts ont trouvé, entre autres, cette solution vraiment très originale : prolonger le temps en classe. Ce serait comme vouloir guérir un malade en lui administrant, à plus fortes doses, le médicament même qui l'a rendu malade ! Par surcroît, appliquons ici la réflexion que M. Desbiens (le frère Untel) faisait à propos de l'école secondaire obligatoire : laisser libre la fréquentation de l'école. Probablement que plusieurs écoles fermeraient ! Allons, Mesdames et Messieurs les experts, présentez-vous devant ces classes nombreuses d'adolescents avec ce genre de solution et expliquez-leur comment ce « temps allongé » va leur faciliter des apprentissages de qualité et une formation supérieure ! Bonne chance ! Et, pourquoi ne pas en profiter pour faire un petit colloque sur ce sujet avec les groupes d'enseignants !

Après plusieurs années d'enseignement, au-delà de tous les programmes, de tous les moyens didactiques, de toutes les évaluations formatives et sommatives, il ne me reste qu'une seule conviction et une seule certitude sur la qualité de l'école secondaire : la relation éducative ; l'école existe parce qu'un professeur et un élève se rencontrent chaque jour. Il y aura qualité si cette relation éducative est de qualité. Mais que veut dire, concrètement, relation éducative par un froid vendredi après-midi de novembre ? Il y a relation éducative lorsque je suis en interaction avec chacun de mes élèves dans sa quête personnelle du savoir proposé ce jour-là ; il y a relation éducative si chacun de mes élèves tire parti de cette rencontre dans ses apprentissages.

Cette relation éducative ne peut se comprendre et se vérifier que dans un contexte de motivation. Suis-je motivé à transmettre quelque chose à cet adolescent ? Est-il intéressé à m'écouter puis à se laisser guider vers ce quelque chose ? Voilà ce que j'entends par relation éducative. Il faut mettre en place les conditions nécessaires pour que cette rencontre éducative se déroule normalement et non pas idéalement (une rencontre entre des personnes n'est jamais idéale, elle se fait ici et maintenant, dans la réalité du vécu). Quelles sont les conditions dans lesquelles se vit la relation éducative, ici et maintenant, dans l'école secondaire ? Pensons aux impératifs propres à la profession d'enseignant : matière à couvrir, nombres d'élèves par groupe, nombre de groupes par enseignant, responsabilité professionnelle par opposition au système hiérarchique de l'école, autonomie professionnelle par opposition à la bureaucratisation galopante. Les enseignants savent combien est monumentale et hautement ridicule cette farce à laquelle nous avons affaire lorsqu'on tient ce discours sur la qualité de l'excellence de la formation fondamentale démocratique obligatoire pour tous, duquel a été évacuée la réalité quotidienne vécue dans la plupart des écoles. Toutefois, nous savons qu'il y a nombre de réalisations excellentes dans les écoles. Mais celles-ci sont dues, le plus souvent, aux initiatives individuelles des professeurs, quand ceux-ci ne doivent pas se battre contre la direction pour garder leur motivation à être autre chose que des machines à cours ! Je parle d'un système à réorienter et à personnaliser, en fonction d'une relation éducative de qualité et authentique si l'on veut vraiment (re)donner à l'école secondaire une certaine substance.

La véritable question oubliée dans ce débat est celle-ci : dans quel « lieu » pourra se réaliser cette qualité ? Les théoriciens et les administrateurs de tout acabit qui, souvent, n'ont jamais mis les pieds dans une école secondaire répondront que c'est à l'école que se vit la relation éducative. NON ! L'école n'est qu'un mot. La véritable réponse à cette question se trouve dans ce « lieu » que représente la rencontre de l'enseignant et de l'élève. Devant une telle affirmation, je ne peux plus tenir de discours vides. Comme enseignant, je ne peux plus berner l'élève et lui jeter de la poudre aux yeux avec toutes sortes de qualificatifs ; je me dois d'agir vraiment, ici et maintenant, je dois vivre une relation éducative empreinte de qualité.

Le problème fondamental que l'école secondaire véhicule de façon inconsciente est de confondre apprentissage et savoir. On en vient ainsi à croire qu'au secondaire tout le monde pourrait et devrait apprendre la même chose. N'y fait-on pas la promotion de programmes uniformes ! Si une classe se compose de 30 élèves, il est logique de trouver une façon d'apprendre qui soit uniforme. Cela est inévitable en raison de son efficacité. La matière et tout ce qui s'ensuit doit être transmise. Tôt ou tard (à tort), le milieu scolaire en vient à penser que tout le monde est uniforme, alors que nombre d'experts proclament l'unicité de l'individu. Cette uniformité n'est-elle pas un manque de respect envers les élèves ? Comment dès lors respecter la personne ? On en revient toujours à la relation éducative, gage d'un apprentissage authentique.

Est-il possible de croire que l'élève des années 2000 peut tout apprendre ? Quel est alors l'essentiel du savoir actuel ? Voilà un beau panier de crabes à ouvrir. En revanche, si on tient obstinément à une relation éducative de qualité, on comprendra vite que l'essentiel est dans le savoir-faire et le savoir-être, et que le savoir en est l'indispensable voie.

Je soupçonne que l'on veuille démocratiser la qualité de l'éducation en insinuant que tout élève du secondaire devrait pouvoir apprendre la même matière de façon égale (chance égale pour tous). À tout le moins, plusieurs parents se l'imagineront, ce qui est une mauvaise prémisse. Comment respecter l'élève dans un tel contexte ? La véritable condition d'une qualité certaine en éducation, c'est le respect des personnes concernées. Qu'entend-on par respect de l'élève ? C'est de permettre à chacun de développer, en classe, un potentiel et des habiletés qui lui sont uniques.

Certains diront que mon discours est utopique, voyant se profiler à l'horizon les coûts associés à un enseignement de qualité. Si nous demeurons emprisonnés dans nos schèmes actuels relativement à l'organisation scolaire, nous tournerons en rond et, faute de mieux, continuerons à palabrer ! Il n'y aura pas d'argent neuf en éducation, on nous l'a maintes fois répété. Mais je rêve du jour où chacune des personnes (l'enseignant et l'élève) vraiment engagée dans la relation éducative trouverait par quels moyens concrets elle pourrait vivre, de façon responsable et autonome, une année scolaire où chacun développerait ses habiletés suivant les exigences de la société. Au début de l'année scolaire, la direction me remet mon horaire, ma grille de cours, et m'enferme ainsi dans le dédale de l'organisation pédagogique, pourvu que je fonctionne bien au cours des dix prochains mois ! Je rêve plutôt du jour où les enseignants seront invités à établir eux-mêmes les critères éducatifs et pédagogiques en vue d'assurer la qualité de leur relation éducative. Quand chacun (enseignant et élèves) pourra assumer pleinement sa responsabilité selon ses compétences, le nombre ne sera plus un obstacle. Certes, il nous faudra être créateur pour trouver des solutions concrètes. Mais c'est en remettant à l'enseignant sa pleine autonomie professionnelle que le milieu scolaire pourra véritablement se renouveler.

Notre cher frère Untel a bien raison de soulever la question relative à l'obligation scolaire. Il faudra être plusieurs à dire tout haut l'impensable : l'école secondaire convient-elle à tous ? Certainement pas dans sa forme actuelle. Mais je n'hésiterais pas à dire oui si la relation éducative, avec tout ce que cela implique de responsabilisation et de compétence professionnelles, redevient le fondement de notre éducation. Mon expérience me prouve cette certitude.

ANNEXE IV

Mon plan de croissance professionnelle

Dans les pages qui suivent, je propose les objectifs que peuvent édicter une faculté d'éducation et un ministère de l'Éducation. La liste est longue, mais complète. J'ai choisi de présenter ici les objectifs de formation professionnelle proposés dans le manuel de stages EDUC-5912 de la Faculté des sciences de l'éducation de l'Université de Moncton, car ils représentent bien ceux que tout enseignant en exercice pourrait viser.

Qualités personnelles

- Démontre un esprit d'initiative.
- Fait preuve d'enthousiasme et de dynamisme.
- Fait preuve de tact et de discrétion.
- Fait preuve de créativité et d'originalité.

- Fait preuve d'esprit critique.
- Démontre un bon sens de l'humour.
- Fait preuve d'assurance et de confiance en soi.

Comportement

- Fait preuve d'assiduité et de ponctualité.
- Informe son enseignant-associé de ses retards ou de ses absences.
- Adopte une tenue conforme au code vestimentaire de l'école.
- Démontre une capacité d'organisation dans l'exécution des tâches qui lui sont confiées.

- Affiche un comportement et des attitudes jugés appropriés (respect du code de déontologie).
- Utilise en tout temps un langage correct et respectueux.
- Respecte les normes de sécurité.

Habiletés de planification

- S'informe du projet éducatif de l'école ou de sa classe.
- S'informe des besoins particuliers de ses élèves.
- Se familiarise avec les programmes d'études et les ressources pour l'apprentissage en usage dans sa classe.

- Effectue une planification à court terme qui tient compte des besoins particuliers des élèves.
- Tient compte du projet éducatif de l'école ou de sa classe dans sa planification.
- Tient compte des besoins particuliers des élèves dans sa planification à long terme.

Communication et animation

- Utilise en tout temps un vocabulaire adapté aux élèves.
- Adapte le ton de sa voix au type d'intervention effectuée.
- Affiche une motivation personnelle et la communique aux élèves.

- Possède l'art de poser des questions et d'exploiter les réponses.
- Démontre une écoute active, de l'empathie et du respect à l'égard des différences.
- Favorise le développement de stratégies d'apprentissage et l'autonomie cognitive des élèves.

Gestion de classe et des apprentissages

- Respecte le contenu de sa planification à court terme.
- Adapte sa gestion des activités d'apprentissage aux valeurs et aux objectifs du projet éducatif de sa classe ou de son école (cohérence pédagogique).
- Adapte sa gestion des activités d'apprentissage aux différences individuelles entre les élèves.
- Gère efficacement le temps d'enseignement.

- Favorise la participation des élèves dans la gestion du groupe-classe.
- Favorise la participation des élèves dans la gestion de leurs apprentissages.
- Utilise, dans la mesure du possible, les nouvelles technologies de l'information et des communications.

Climat propice à l'apprentissage

- Maintient en tout temps de bonnes relations avec les élèves.
- Se déplace au besoin pour assurer une meilleure gestion des activités d'apprentissage et prévenir les problèmes de comportement.

- Est conscient de l'ensemble des activités qui se déroulent simultanément en classe.
- Utilise différentes stratégies pour entretenir un climat propice à l'apprentissage en classe.

Contenu et didactique

- Utilise le vocabulaire approprié à la discipline enseignée.
- Démontre une connaissance approfondie des contenus d'apprentissage enseignés pendant la durée du stage.
- Démontre et communique son enthousiasme face aux nouveaux développements de sa discipline.

- Établit des liens avec les disciplines connexes et favorise l'interdisciplinarité.
- Démontre une connaissance approfondie de la didactique associée à la discipline enseignée.

Démarche évaluative

- Corrige les tests et les travaux de manière efficace.
- Fournit une évaluation formative des apprentissages.
- Assure le suivi nécessaire auprès des élèves.

- Met au point des tests appropriés pour mesurer l'apprentissage de chaque élève.
- Administre les instruments de mesure de manière appropriée.
- Favorise une participation active des élèves à la démarche évaluative.

Perfectionnement personnel et professionnel

- Participe activement aux échanges et aux discussions avec les membres de l'équipe-guide.
- Rédige son « Journal de développement professionnel » selon les exigences fixées.
- Rend son « Journal de développement professionnel » accessible aux personnes concernées.
- Rédige des bilans de stage conformes aux exigences du Service des stages.

Innovation pédagogique

- Favorise le développement des habiletés sociales nécessaires au travail en équipe.
- Favorise le développement des habiletés en communication orale et écrite.
- Favorise l'intégration des savoirs chez les élèves.
- Favorise le développement de la pensée critique chez les élèves.
- Favorise par son attitude et ses interventions la pleine actualisation du potentiel de chaque élève.
- Sensibilise les élèves à leur rôle social dans la construction d'un monde meilleur.

Participation

- Offre ses services et assiste l'enseignant-associé dans l'exécution de ses tâches quotidiennes.
- Participe aux activités professionnelles auxquelles il a été convié.
- Établit et maintient de saines relations avec les autres intervenants en éducation.
- Établit et maintient de saines relations avec les parents des élèves.
- Participe à la vie de l'école (activités scolaires et parascolaires).

Langue parlée et écrite

- S'exprime oralement dans un français correct.
- Rédige tous ses écrits dans un français correct.
- Exige un effort constant de la part des élèves quant à la qualité de leur langue orale et écrite.
- Démontre auprès des élèves un effort constant d'améliorer la qualité de sa langue orale et écrite.

Objectifs de formation continue

- Faire des liens entre les objectifs éducatifs que posent les différents partenaires de l'éducation et ses propres objectifs éducatifs, et développer sa capacité de travailler en équipe.

- Prendre conscience qu'enseigner, c'est aussi apprendre.

- Prendre conscience du soi personnel et professionnel et des attentes de nos partenaires en éducation.

- Prendre conscience que les différents apprentissages des élèves sont liés au vécu enseignant.

- Prendre conscience des styles d'apprentissage des élèves et des styles d'enseignement en relation avec le rendement scolaire.

- Prendre conscience que l'on apprend à enseigner en observant et en étant observé.

- Prendre conscience que l'art de l'enseignement consiste surtout à être capable de réfléchir sur la pratique pour mieux enseigner.

- Prendre conscience de sa personne dans l'exercice de la profession.

- Prendre conscience de l'importance de la compétence et de l'autonomie professionnelles de l'enseignant dans l'exercice de sa profession.

- Prendre conscience de ses valeurs et de ses convictions comme éducateurs en relation avec la réalisation de soi.

- Prendre conscience de l'importance de connaître les jeunes comme élèves.

- Prendre conscience de l'importance de connaître les difficultés vécues par les jeunes : le décrochage scolaire et la motivation à l'école ; les études et le travail ; la violence ; le stress ; la sexualité ; la drogue et l'alcool ; le suicide ; le rôle des parents par rapport à leurs jeunes et à l'école.

- Faire une synthèse en vue de s'engager dans la profession.

Développement des thèmes

1. Réfléchir sur mon choix de carrière.

   Raconter son propre cheminement vers l'enseignement.

   Expliquer par écrit pourquoi j'ai choisi l'enseignement.

2. Faire des liens entre les objectifs éducatifs que posent les différents partenaires de l'éducation et mes propres objectifs éducatifs et le vécu quotidien en classe.

   Dresser un tableau qui montre les liens entre des objectifs posés par les partenaires en éducation (ministère de l'Éducation, association d'enseignantes et d'enseignants, etc.) et mes motifs d'avoir choisi l'enseignement.

3. Enseigner, c'est apprendre.

   Prendre conscience qu'enseigner, c'est apprendre ; par conséquent, il est primordial de réfléchir sur ce que signifie apprendre, de connaître sa propre démarche d'apprentissage si l'on veut prendre conscience qu'un élève suit aussi un processus d'apprentissage.

4. Le soi personnel et professionnel et les attentes de nos partenaires en éducation.

   Prendre conscience des attentes qu'ont nos partenaires (élèves, parents, collègues, direction) en éducation sur notre rôle d'enseignant.

   Mettre en parallèle, sous forme de tableau, les attentes des différents partenaires sur ce qu'est un bon enseignant.

5. Les jeunes : nos élèves, qui sont-ils ?

   Dresser un tableau établissant un parallèle entre nos attitudes vis-à-vis des jeunes et leurs attentes.

6. Les difficultés vécues par les adolescents : le décrochage scolaire et la motivation à l'école ; les études et le travail ; la violence ; le stress ; la sexualité ; la drogue et l'alcool ; le suicide ; le rôle des parents par rapport à leurs jeunes.

   Observer et comprendre les difficultés que vivent les jeunes.

7. Les différents apprentissages des élèves et le vécu enseignant.

   Prendre conscience du lien nécessaire, mais pas toujours apparent, entre les multiples facettes de la tâche quotidienne d'un enseignant et les nombreux apprentissages demandés aux élèves.

8. Les styles d'apprentissage des élèves et les styles d'enseignement en relation avec le rendement scolaire.

   Prendre conscience de la relation possible entre ma façon d'apprendre et ma façon d'enseigner et le rendement scolaire des élèves.

9. Apprendre à enseigner en observant et en étant observé.

   Prendre conscience que l'observation est une bonne méthode pour apprendre à enseigner. En revanche, c'est une attitude difficile à acquérir.

   Observer des collègues et être observé par ceux-ci lors de prestation d'enseignement.

   Partager ses observations avec ses collègues.

   Fabriquer ensemble une grille d'observation.

   Comparer cette grille d'observation avec celles d'experts en la matière.

10. Prendre conscience que l'art de l'enseignement consiste surtout à être capable de réfléchir sur la pratique en vue de mieux enseigner.

    Réfléchir sur une situation problématique vécue en classe et trouver, à partir de lectures et de réflexions, des constantes qui pourraient guider des enseignants dans leur intervention.

11. L'enseignant en tant que personne.

    Prendre conscience qu'un enseignant ce n'est pas une machine à enseigner, mais une personne qui entre en relation avec d'autres personnes.

    Expliquer en quelques lignes comment mes grandes qualités personnelles pourraient être le fondement de ma personnalité professionnelle.

12. La compétence et l'autonomie professionnelles de l'enseignant.

    Mettre en parallèle ce qui ressort d'un échange avec un enseignant d'expérience et ce que nous révèlent des études sur la définition d'un bon enseignant !

13. La synthèse : pourquoi enseigner, au fond où allons-nous ?

    Présenter une synthèse dynamique de l'ensemble de cette démarche.

    Préparer une devise d'enseignement qui fait synthèse et l'expliquer en quelques lignes.

La paradoxale passion d'enseigner

(Extrait d'un recueil de textes intitulé « La paradoxale passion d'enseigner »)

J'ai longtemps voulu écrire un livre sur la passion d'enseigner. Je crois que c'est la seule façon digne de parler de cette profession qui, de tous les métiers, ne peut s'exercer sans une véritable passion. Vous me direz que vous n'en avez pas toujours décelé chez vos enseignants. C'est peut-être pour cette raison que nombre de jeunes semblent indifférents face à l'apprentissage à l'école. Pendant mes années d'enseignement en formation des maîtres, j'ai essayé de transmettre cette passion aux futurs enseignants, car c'est l'essentiel pour moi. Sans elle, vous risquez de perdre votre temps et celui des autres.

Enseigner est le propre de l'être humain. Car enseigner est non seulement transmettre un savoir ou des connaissances, mais c'est aussi montrer le savoir-faire ; par-dessus tout, c'est enseigner à être. Enseigner, c'est transmettre un sens ou une signification ; c'est énoncer que l'on croit à la responsabilisation et à l'autonomie de l'être humain.

Tout le monde fait de l'enseignement à sa façon : que ce soit comme parents en montrant à marcher à nos enfants ; comme politicien en expliquant, par exemple, le rôle des citoyens dans la protection de l'environnement ; comme concierge d'une école en montrant l'importance de tenir la cafétéria propre. De fait, la survie de l'espèce humaine dépend d'un enseignement axé sur un mieux-être.

Trop d'ouvrages sur l'enseignement sont sans passion, car on n'y ressent pas le vécu quotidien. D'ailleurs les enseignants en formation et les élèves du secondaire à qui j'ai enseigné ont déploré ce manque, qu'ils ont instinctivement perçu chez plusieurs de leurs professeurs. Il y a passion quand on sent que les gens qui nous parlent de l'enseignement ou qui enseignent sont des gens engagés, pour ne pas dire des enragés. Je ne suis pas contre le fait de faire des recherches approfondies en éducation, cela est même nécessaire. J'en fais moi-même ! Par ailleurs, quand on constate le nombre de recherches qui se sont faites et ce qui se passe dans nos écoles, force est d'admettre que ça n'a pas toujours donné les résultats souhaités.

En revanche, parler de passion ne veut pas dire être irréfléchi. Car ce livre est un recueil de réflexions mûries ces dernières années, un peu comme si c'était le bilan de ma vie d'enseignant. Mais j'essaie surtout de comprendre. Je sens le besoin de clarifier en moi ce que j'ai fait depuis plus de 25 ans dans l'enseignement au secondaire. Il y a toujours eu un fil conducteur : j'ai fait ce travail avec passion. Les textes présentés ici ont été écrits avec cette même conviction et cette même passion.

Enseigner est toutefois une profession faite de paradoxes. En effet, je suis extrêmement déchiré. Je n'ai jamais été aussi heureux qu'en enseignant, mais j'ai souvent voulu quitter cette profession. Je comprends et j'accepte de plus en plus l'idée qu'enseigner est un immense paradoxe. L'enseignant est constamment placé devant un dilemme. Il doit être une personne d'action, alors qu'on lui demande de réfléchir à ce qu'il vit. Il doit se sentir fort et sûr de lui-même, alors que, souvent, il se sent coupable de ses infortunes en classe. Il est seul devant un groupe de collègues qui semblent sûrs d'eux. Il a la certitude d'avoir préparé un bon cours, alors que ses élèves se montrent fort peu intéressés. Il aime ses élèves, alors que certains d'entre eux affichent un certain mépris pour lui. Cette ambiguïté, l'enseignant la ressent quand il enseigne. C'est là que réside toute la complexité de l'enseignement, mais c'est là aussi que réside toute la richesse de la relation éducative. L'art d'enseigner, c'est vivre ce paradoxe avec beaucoup de passion mais de sérénité, et avec la conviction qu'on fait bien son travail.

« Mission accomplie, j'ai donné le maximum de moi-même ! » est la maxime que tout enseignant devrait se dire à la fin de la journée, à la fin de l'année, à la fin de sa carrière. « J'ai écouté mes élèves, je les ai respectés, et ils ont appris. » Si l'enseignant reçoit des témoignages poignants jusqu'à le désarmer, c'est qu'il a appliqué ce précepte. En tant qu'enseignant, nous croyons souvent n'avoir fait que ce qu'il fallait faire. Mais quand les élèves sont nombreux à nous dire qu'on a répondu à leurs attentes et même davantage, c'est que nous avons accompli notre mission. À l'occasion, quelques étudiants viennent nous voir pour se confier. Ces moments sont bouleversants car ils ont tellement besoin d'être écoutés ! La passion de l'enseignement nous conduit-elle jusque-là ?

Mais qu'est-ce encore cette passion paradoxale ? C'est de croire à l'importance de ce que l'on fait tout en n'ayant jamais la preuve que c'est vrai aux yeux des élèves. Enseigner est synonyme de responsabilité. Tout se joue sur la confiance qui s'installe entre l'élève et l'enseignant. C'est pourquoi enseigner fait tellement « chaud au cœur » ! Beaucoup d'écrits sur le sujet ont de bonnes intentions, mais ils sont peu touchants, ils soulèvent peu de passion, car ils portent trop sur l'intellect. Il y a dans le quotidien du vécu de l'enseignant des aspects que lui seul peut comprendre et transmettre à un autre enseignant.

Les objectifs de formation de la Faculté

L'ensemble des objectifs de La Mission de la Faculté[28] sont semblables à ceux adoptés par les différents ministères de l'Éducation et proposés au personnel enseignant comme finalités de l'éducation.

Formation générale et globale

Dimensions	Objectifs généraux
1. Développer une formation générale solide	Être capable de bien raisonner : procéder de façon systématique, c'est-à-dire avoir recours à l'analyse, à la synthèse et à l'évaluation devant les faits, dans un souci d'objectivité ;
	Maîtriser la langue française : s'exprimer en français, avec précision et clarté, tant oralement que par écrit ;
	Posséder une bonne connaissance de la langue anglaise : si pour la majorité l'apprentissage de la langue seconde est une chose utile, force nous est de constater qu'elle est nécessaire pour la minorité ;
	Connaître les méthodes quantitatives : connaissance des concepts de base du raisonnement mathématique ; utilisation des ordinateurs et des banques de données ;
	Comprendre et apprécier les cultures : avoir une perspective sur le monde qui tienne compte de sa situation et de son identité, mais qui soit en même temps ouverte aux points de vue différents ou nouveaux. À cette perspective pourra contribuer notamment l'étude des réalités historiques ainsi que des réalités sociales ou contemporaines ;
	Développer une éducation esthétique : intérêt et sensibilité aux diverses formes de manifestations artistiques ;
	Acquérir une aptitude à raisonner et à décider relativement aux questions d'ordre éthique : clarifier ses propres valeurs et respecter les valeurs des autres ; donner une attention réfléchie aux méthodes et aux procédures suivant lesquelles on cherche à résoudre les différends et les conflits ; développer des qualités permettant d'effectuer avec discernement des choix judicieux ;
	Être capable d'apprendre par soi-même : avoir acquis les habitudes de travail intellectuel appropriées à un renouvellement continuel.
2. Développer le sens de la responsabilité sociale et la conscience de la réalité mondiale dans un contexte de solidarité entre les personnes et les peuples	Savoir s'interroger sur le sens de la vie ;
	Savoir prendre contact avec la nature et savoir s'engager dans des démarches de protection de l'environnement ;
	Savoir s'enrichir par le contact avec son patrimoine culturel et celui de l'ensemble de l'humanité ;
	Prendre conscience de la réalité locale et mondiale ainsi que de l'interdépendance à l'échelle de la planète ;
	Démontrer de l'intérêt à s'engager de façon solidaire dans la vie de sa communauté, ou à l'échelle mondiale, et la capacité de le faire.

---

28. Faculté des sciences de l'éducation de l'Université de Moncton, Moncton, 1997.

Formation dans les disciplines

Dimensions	Objectifs généraux
1. Démontrer un haut degré de maîtrise du contenu des disciplines à enseigner	Maîtriser la structure et le contenu de la discipline à enseigner ; Comprendre les fondements historiques et épistémologiques, et les principaux paradigmes ou les principales écoles de pensée de la discipline ; Savoir appliquer les méthodologies propres à la discipline ; Comprendre la complémentarité entre la discipline et les disciplines connexes ; Savoir inférer les applications actuelles et potentielles de la discipline ; Savoir juger de la pertinence d'une application de la discipline en tenant compte de ses effets possibles sur les personnes, sur la société et sur l'environnement.
2. Démontrer les attitudes requises à la promotion de la discipline et à sa propre formation continue	Démontrer des attitudes positives et un engagement personnel relativement à la promotion de cette discipline ; Savoir parfaire la maîtrise de sa discipline et garder ses connaissances à jour.

Formation pédagogique

Dimensions	Objectifs généraux
1. Démontrer un haut degré de formation pédagogique	Comprendre la nature de l'éducation, ses fondements et son rôle dans la société ; Savoir évaluer les implications de différents modèles pédagogiques par rapport à un projet de société ; Savoir intégrer la recherche en éducation à la pratique de l'enseignement ; Avoir une connaissance approfondie de l'apprenant ; Se connaître comme personne, être capable d'autocritique et de développement personnel ; Démontrer des habiletés de relations interpersonnelles et de communication ; Savoir gérer la classe, animer des groupes et créer un climat propice à l'apprentissage ; Savoir planifier les différentes dimensions de l'acte pédagogique ; Savoir appliquer une variété de modèles, de méthodes et de stratégies d'enseignement ; Savoir utiliser l'ordinateur à des fins pédagogiques et administratives ; Savoir utiliser la mesure et l'évaluation des apprentissages et de l'enseignement dans le cadre d'une pédagogie actualisante.

Formation pédagogique (suite)

Dimensions	Objectifs généraux
2. Maîtriser la didactique des disciplines dans le cadre d'une pédagogie actualisante	Comprendre les fondements de la didactique dans le cadre d'une pédagogie actualisante ; Connaître le processus d'apprentissage de l'élève relatif à la discipline enseignée dans le cadre d'une pédagogie actualisante ; Savoir enseigner la discipline dans le cadre d'une pédagogie actualisante.
3. Savoir intégré les composantes de sa formation, développer une identité à la profession et s'engager dans un développement professionnel continu	Comprendre les rôles et les fonctions des différents agents d'éducation du système scolaire : ressources humaines, structure administrative, matériel éducatif et environnement physique ; Développer une identité professionnelle ; Savoir s'engager dans un développement professionnel continu ; Savoir faire l'analyse, la synthèse et l'évaluation de sa formation ; Savoir démontrer lors des stages d'enseignement l'intégration de toutes les composantes de sa formation.

ANNEXE VIII

Exemple d'un modèle pédagogique

Le modèle pédagogique peut être représenté sous une forme métaphorique tel que celui illustré ci-dessous. Il s'agit de placer, au centre de votre modèle, l'objectif qui est au cœur de votre conception de l'enseignement. Puis, choisissez quatre ou cinq sous-objectifs qui gravitent autour de cet objectif central, tout en expliquant en quoi ils sont interreliés à l'aide d'exemples concrets tirés de votre vécu enseignant.

UNE PÉDAGOGIE DE L'ACTUALISATION DES PERSONNES[29]

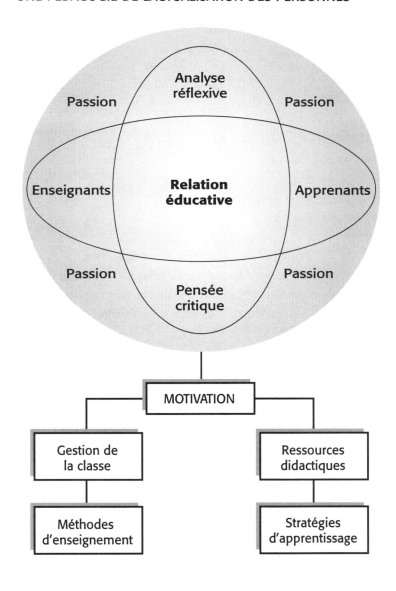

29. Modèle élaboré par l'auteur.

ANNEXE IX

La grille d'observation formative sur ma pratique professionnelle[30]

Légende :
(+) = application positive ; (−) = application à améliorer ; (+/−) = application moyenne

1. Accueille les élèves. _____
2. Fait une mise en situation de la matière (élément déclencheur, lien avec la matière précédente). _____
3. Donne un aperçu clair des étapes de la matière. _____
4. Utilise des aides pédagogiques ou des ressources didactiques. _____
5. Adapte le contenu de la matière aux élèves. _____
6. Adapte sa méthode d'enseignement aux élèves. _____
7. Guide les élèves dans leurs stratégies d'apprentissage. _____
8. S'adapte aux élèves dans sa façon de poser des questions et d'exploiter leurs réponses. _____
9. Donne des consignes claires et précises. _____
10. Encourage la participation des élèves. _____
11. Suscite la réflexion chez les élèves. _____
12. Surveille ce qui se passe en classe. _____
13. Relève le défi d'une situation imprévue. _____
14. Encourage les efforts des élèves. _____
15. Valorise les élèves. _____
16. Se préoccupe des difficultés des élèves et cherche des solutions. _____
17. Au besoin, demande de l'aide pour répondre aux difficultés des élèves. _____
18. S'assure de la progression de tous les élèves par des moyens variés. _____
19. Utilise différents modes d'expression non verbale pour faciliter l'attention et la compréhension des élèves. _____
20. Utilise sa voix de façon adéquate. _____
21. Est à l'écoute des élèves. _____
22. Maintient l'intérêt et la motivation des élèves. _____
23. Maintient un encadrement favorable à l'apprentissage des élèves. _____
24. Utilise ou trouve des exemples variés et pratiques pour illustrer les notions. _____
25. Démontre sa motivation et son enthousiasme. _____
26. Fait preuve d'une bonne organisation. _____
27. Fait des synthèses pendant ou à la fin de la matière. _____
28. S'exprime correctement dans la langue d'enseignement. _____
29. Démontre sa connaissance de l'élève en tant qu'apprenant. _____
30. Démontre sa connaissance de la ou des matières enseignées. _____

---

30. Grille élaborée par l'auteur.

ANNEXE X

Le modèle d'analyse réflexive[31]

1re étape : j'observe

Je décris la ou les situations qui me frappent ou me semblent importantes pour les élèves en répondant aux questions : quoi, où et comment, par rapport aux situations pédagogiques rencontrées en classe, selon les suggestions suivantes :

- Les relations avec les élèves ;
- Les méthodes ou stratégies d'enseignement ;
- Les stratégies d'apprentissage des élèves ;
- Les ressources didactiques et contenus de matières ;
- Les attitudes personnelles et professionnelles ;
- Les valeurs et les convictions pédagogiques.

Je classe ces informations en les identifiant et en les nommant.

2e étape : j'analyse

J'explique pourquoi ces observations m'ont frappé ou m'ont semblé importantes en trouvant leur signification :

- Quelle méthode ai-je utilisée ?
- Quel objectif voulais-je atteindre ?
- Quel a été l'impact sur moi et sur les élèves ?
- J'essaie de trouver, parmi ces observations, quelles sont les forces et les éléments à améliorer relativement à ma pratique.
- J'établis des liens avec les pratiques ou les

théories valables et généralement en usage dans la profession :

- en me documentant sur des questions ou des hypothèses soulevées à propos des points forts et des éléments à améliorer ;
- en faisant des lectures ou en révisant mes notes de cours au moment de ma formation ;
- en discutant avec l'enseignant-associé ;
- en discutant avec la personne déléguée par l'université.

3e étape : je fais une synthèse intégrée

J'écris cette synthèse en vue de la communiquer à l'enseignant-associé et à la personne déléguée par l'université. Elle comporte les aspects suivants :

- Quels sont les points forts que je veux conserver, et pourquoi ?
- Comment vais-je les intégrer dans ma pratique ?
- Quels sont les éléments à améliorer ?
- Pourquoi les changer ?
- Quelles seront les conséquences de mes décisions, tant sur moi que sur les élèves ?
- Comment vais-je m'y prendre pour les mettre en pratique, *vers un agir plus expérimenté* ?
- Je réfléchis quant au choix de ma profession.

31. Modèle élaboré par l'auteur.

ANNEXE XI

Autoévaluation de ma pratique professionnelle

Légende :
A = Habituellement   B = Parfois   C = Rarement

1. Est-ce que je réussis à créer une ambiance chaleureuse dans ma classe, où la joie spontanée des élèves n'empêche pas la rigueur de leur travail ? _____

2. Est-ce que je contrôle facilement ma classe ? _____

3. Est-ce que je juge mes élèves d'après des critères d'adultes ? _____

4. Si je constate des cas d'insuccès chez mes élèves, est-ce que j'en cherche les causes ? _____

5. Est-ce que j'encourage l'initiative et l'originalité ? _____

6. Est-ce que je rencontre mes élèves individuellement ? Viennent-ils à moi spontanément ? _____

7. Est-ce que je perçois des signes de morosité, de timidité, de découragement et d'insociabilité, et est-ce que je m'occupe des élèves qui présentent ces signes ? _____

8. Est-ce que je considère le matériel audiovisuel, les films, les documentaires, les discussions en groupe, les orateurs invités comme des stimulants pour les élèves ? Est-ce que j'y ai recours ? _____

9. Est-ce que je connais mes élèves, leurs champs d'intérêt, leur antécédent familial ? _____

10. Est-ce que je suis conscient des différences individuelles et est-ce que j'en tiens compte ? _____

11. Est-ce que j'enseigne à mes élèves de bonnes habitudes de travail ? _____

12. Est-ce que j'encourage mes élèves à assumer une plus grande responsabilité de leur progrès ? _____

13. Est-ce que j'essaie de mesurer l'attention des élèves ? _____

14. Est-ce que j'encourage la discussion en classe ? Tous les élèves y participent-ils ? _____

15. Est-ce que je corrige les travaux des élèves avec célérité et est-ce que je les leur remets dans un délai raisonnable ? _____

16. Est-ce que je favorise le travail d'équipe ? _____

17. Est-ce que j'ai des objectifs bien définis dans mon enseignement ? _____

18. Si une matière n'est pas comprise, est-ce que j'en cherche les causes ? _____

19. Suis-je ponctuel en classe et lors des surveillances que l'on m'a assignées ? _____

20. Ai-je l'ambition de devenir un peu plus qu'un bon enseignant ? _____

La seule motivation de l'enseignant : être soi-même sur le plan professionnel

Le but de notre approche est d'amener l'enseignant à être de plus en plus lui-même sur le plan professionnel. Étant donné qu'il se perçoit de mieux en mieux à l'intérieur de la relation éducative, peut-il avoir une connaissance réfléchie et synthétique de lui-même qui l'amène à être un bon enseignant ? Il n'y a rien de prétentieux à vouloir être un bon enseignant ou à se déclarer tel. Lorsque nous exerçons une profession ou que nous effectuons un travail, nous voulons bien le faire. Cela semble aller de soi. Vouloir bien enseigner est non seulement un but légitime mais souhaitable. Si j'enseigne bien, c'est qu'en toute logique je suis un bon enseignant. Plusieurs s'estiment être de bons enseignants. Mais qu'est-ce qui leur permet de le croire ? Certes, chacun peut vérifier cette conviction au plus profond de lui-même. Par contre, il est peut-être nécessaire de vérifier non seulement la sincérité, mais aussi l'authenticité de ce jugement. Dès lors, il est impératif de faire une analyse personnelle de son vécu professionnel.

Problématique

La connaissance intuitive de l'autre est à l'origine de la relation éducative. C'est une rencontre spontanée de deux êtres qui ne se connaissaient pas. Tôt ou tard, elle doit être l'occasion d'une analyse en profondeur des incidences qui tissent les innombrables composantes de cette relation. En somme, dans la poursuite d'une telle démarche, la relation éducative est une synthèse vécue par chacun des partenaires lorsqu'ils assument leur apport personnel. Nous allons examiner cette rencontre de l'enseignant et de l'élève sous l'angle de l'enseignant, sur le plan professionnel. Je crois que c'est de ce point de vue qu'il peut intégrer l'ensemble de son vécu professionnel. Nous verrons comment cette intégration constitue la synthèse de lui-même qu'il peut réaliser, après une analyse méticuleuse de son vécu professionnel à l'intérieur de la relation éducative.

L'intégration du soi professionnel de l'enseignant

L'être humain est formé de plusieurs entités : morale, physique et spirituelle, qui se révèlent par ses sentiments, ses concepts, ses paroles, ses attitudes corporelles, son état conscient et même par son subconscient. L'un des buts de l'éducation est d'assurer une intégration harmonieuse de ces entités, en se connaissant au point même de débusquer les motifs consciemment ou inconsciemment cachés de notre attitude. Il en va de même pour l'enseignant. Il devrait pouvoir discerner dans ses certitudes pédagogiques quelles sont les valeurs profondes qui soutiennent sa pratique éducative. C'est le chemin à parcourir pour parvenir à une intégration du soi professionnel. C'est le résultat d'un long et minutieux travail de prise de possession de lui-même comme enseignant. Cette synthèse se réalise de façon vivante et continuelle dans sa personne. Krishnamurti résume bien cette préoccupation importante qui doit imprégner toute éducation :

« Il est nécessaire que les êtres humains soient intégrés s'ils veulent sortir d'un état de crise et surtout de la crise mondiale actuelle sans être brisés. Par conséquent, le principal problème qui se pose aux maîtres et aux parents qui s'intéressent réellement à l'éducation est comment développer des individus intégrés. Pour le faire, il est évident que l'éducateur doit être lui-même intégré. Donc, un enseignement basé sur de vraies valeurs est de la plus haute importance, non seulement pour les jeunes, mais aussi pour la génération plus âgée si celle-ci est disposée à apprendre et n'est pas trop cristallisée. Ce que nous sommes est beaucoup plus important que la question traditionnelle sur ce qu'il convient d'enseigner à l'enfant[32]. »

La représentation de soi de l'enseignant

La représentation de l'autre est d'une grande importance dans la relation éducative. Cependant, elle est en grande partie conditionnée par notre propre représentation de nous-même. Souvent, ces images de l'autre sont fondées sur des stéréotypes qui correspondent à des préjugés derrière lesquels nous aimons nous réfugier. D'autres fois, nous avons une image biaisée par des constructions typiques, relevant de perceptions déformées, issues d'enquêtes statistiques qui dégagent un profil moyen d'élève. « C'est l'exemple bien connu du profil moyen qui n'est pas forcément typique des individus ayant servi au calcul des moyennes[33]. » Voilà un bel exemple où une intuition spontanée de la part de l'enseignant peut se révéler beaucoup plus prometteuse qu'une enquête statistique de nos sciences de l'éducation ! Une mise en garde toutefois : la spontanéité peut susciter des images fausses de l'autre qui sont très souvent le fruit d'un mécanisme de défense. Ces mécanismes s'effondrent si nous nous connaissons réellement nous-même. Postic[34] résume l'ensemble des obstacles que soulèvent ces fausses images pour l'enseignant :

« Les obstacles à la communication sont dus au défaut de compréhension du message, par suite d'un manque de décodage (notions de base non connues, langage trop élaboré, étranger à l'élève...), au décalage des cadres de référence sur le plan cognitif, et surtout à la perception et aux représentations qu'on a du partenaire, qui provoquent des chocs affectifs, qui réfractent le contenu, l'amenuisent au point de le faire disparaître, au profit de manifestations chargées émotionnellement, de rejet d'agression... Ces aspects latents de la communication, non observables directement par le relevé des interventions, confèrent pourtant au climat de la classe des caractéristiques. Toutefois, c'est par une perception de soi, la plus fidèle et la plus authentique possible, que l'enseignant peut s'assurer d'un fil conducteur très fort qui le guidera de son intuition initiale à une connaissance synthétique de lui-même. Cette perception sera suffisamment cristallisante pour le motiver à vouloir vivre une relation éducative tout empreint de qualité. »

La relation éducative représentera toujours une ambiguïté pour le chercheur en éducation. D'une part, la communication maître-élève vient d'un processus subjectif empreint d'unicité. C'est un processus interne qui

---

32. Krishnamurti, *De l'éducation*, Paris, Delachaux et Niestle, 1980, p. 42.

33. Michel Gilly, *Maître et élève, Rôles institutionnels et représentations*, Paris, P. U. F., coll. « Pédagogie d'aujourd'hui », 1980, p. 38.

34. M. Postic, *La relation éducative*, Paris, P. U. F., coll. « Pédagogie d'aujourd'hui », 1979, p. 119.

fait appel aux élans issus de la sensibilité des individus. D'autre part, les apprentissages, vécus par les élèves et orientés par l'enseignement du maître, relèvent de procédés techniques. Ils dépendent de processus externes et visibles. La recherche en éducation se confine souvent aux aspects techniques de la relation éducative, croyant tout expliquer par ce biais. En voulant être une science, les « sciences » de l'éducation se sont réfugiées dans des analyses statistiques qui concernent l'aspect technique, pédagogique ou didactique de cette relation. Mais, comment rendre compte de l'univocité de cette rencontre entre deux personnes uniques en alignant des colonnes de chiffres. Selon Vandenplas-Holper[35], la relation éducative est tissée de nombreux éléments qui se révèlent plutôt complexes à analyser :

« Différents termes sont inévitablement en présence, en interaction : la personne de l'éduqué et la personne de l'éducateur, chacun marqué par son histoire propre, avec sa perception, ses attentes, ses réactions particulières ; le groupe-classe dans lequel s'opère continuellement, outre les phénomènes de « transmission verticale » allant de « l'éducateur » à « l'éduqué », ceux de « transmission horizontale » s'établissant entre chaque membre du groupe et chacun de ses pairs ; les situations familiales et, en général, l'ensemble des situations extra-scolaires que ne cesse de vivre chacun des élèves ; enfin, dans un sens très large, le milieu socioculturel avec l'ensemble des stimulations qu'il propose à tout moment, avec la finalité lointaine que, dans une vision à longue échéance, il imprime à tout phénomène éducatif. »

Il ne s'agit pas de refuser toute démarche inspirée d'une analyse rigoureuse. Nous voulons mettre en évidence le respect des personnes en cause.

Pourquoi le rôle du maître est-il si crucial ? Le maître est à ce point important que, sans lui, il n'y a aucune intention éducative dans la classe. Si une classe de 34 élèves est sans maître, rien d'éducatif ne se produira ou, du moins, la coordination du groupe éducatif fera défaut. En outre, l'activité de l'enseignant est déterminante pour le comportement des élèves. Il y a un lien direct entre le degré d'apprentissage de l'élève et la pratique du maître. Cette pratique relève de l'enseignant, et non d'un autre individu. Remplacez le maître d'un même groupe-classe, et tout peut changer.

Le seul devoir réel de l'enseignant est de respecter ses élèves. Ce respect sera mutuel s'il se respecte d'abord lui-même. Toutefois, il ne peut afficher un respect authentique que dans une acceptation profonde de lui-même. S'accepter, c'est avoir une connaissance approfondie de soi. Le courant de la psychologie humaniste a légitimé la sensibilité personnelle, celle qui permet une intuition riche et première de soi. Postic[36] souligne que :

« Cette tendance consiste à penser que la résolution des conflits entre le social et l'individuel se trouve au sein de la personne et que l'agent de changement est l'individu, non les structures. Au lieu d'aller vers la connaissance d'objets d'étude en se séparant d'eux, cette psychologie du développement, de réalisation de soi, rétablit le rôle de l'expérience personnelle, dans laquelle on se trouve profondément impliqué, et qui est restitué à autrui avec authenticité. »

35. Ch. Vandelplas-Holper, « Introduction à la recherche dans les sciences de l'éducation confrontées au futur » dans *Une pédagogie pour demain*, sous la direction d'Anna Bonboir, P. U. F., coll. « L'Éducateur », 1974, p. 142.

36. Marcel Postic, *La relation éducative*, Paris, P. U. F., coll. « Pédagogie d'aujourd'hui », 1979, p. 65.

Dans la relation éducative, l'adulte et l'enfant vivent un processus de croissance, signe de l'authenticité d'une telle relation, si l'on soutient que l'éducation poursuit, comme but, l'acquisition de l'autonomie personnelle. L'enfant n'est donc plus un petit adulte et l'adulte n'est pas la norme du développement de l'enfant.

D'ailleurs, des études récentes démontrent l'importance du *mitan de la vie personnelle et professionnelle* comme phénomène de croissance chez l'adulte. Artaud[37] signale que :

« La crise du milieu de la vie revêt, dans cette perspective, une signification plus précise. Elle s'apparente aux crises antérieures en ce qu'elle est une remise en question de l'image de soi par l'apparition d'éléments nouveaux qui tentent de s'y intégrer. Elle entraîne donc, comme les crises antérieures, une nouvelle négociation avec le milieu, l'élaboration de nouveaux compromis et, par voie de conséquence, un remaniement des schèmes d'adaptation à la réalité. »

Une question de fond surgit inévitablement : le mitan de la vie est-il une étape universelle structurelle chez l'être humain ou est-il lié aux événements culturels ? Par exemple, la majorité des enseignants sont actuellement dans la quarantaine. Leur expérience, leur fatigue (spécialement au secondaire) et le cul-de-sac auquel est vouée leur fonction ne provoquent-ils pas ce grand questionnement du mitan de la vie ? Si les enseignants pouvaient se réaliser personnellement et professionnellement, parlerions-nous encore autant de cette étape ?

L'adulte peut refuser d'entrer dans cette dynamique de croissance, en se réfugiant derrière le masque de l'autorité où tout est immuable et statique, sans chance d'évolution. Par conséquent cette attitude peut inhiber toute relation engageante. Artaud[38] affirme que :

« Si l'adulte d'aujourd'hui est devenu si hésitant devant les valeurs à transmettre à l'enfant et si timide dans l'exercice de son autorité, c'est parce que, confronté à une remise en question de sa propre image de lui-même, de l'éducation qu'il a reçue et de la culture qui l'a façonné, il a souvent bien du mal à se redéfinir et à déterminer ses valeurs. C'est peut-être d'abord en l'aidant à comprendre ce qu'il est en train de vivre et à se resituer face à lui-même qu'on peut l'aider à résoudre le problème que lui pose l'éducation de l'enfant. »

L'adulte peut aussi nier son engagement dans la relation éducative en se confinant dans une image idéalisée de soi. Cette idéalisation du soi professionnel est un refus du soi réel. Ce dernier concerne, chez l'enseignant, l'aptitude à symboliser ou à intégrer correctement son vécu. Si le soi idéal, c'est-à-dire l'image que l'enseignant voudrait être, finit par se substituer au soi réel ou, pis, se révèle impossible d'accès, c'est parce qu'il préfère, devant l'élève, ne pas être lui-même en prenant pour norme un idéal qui lui est extérieur, telle que l'autorité ou les normes sociales. Dès lors, il y a peu de chances qu'il sente le besoin de remettre en question cette identité idéalisée. En revanche, la représentation du soi réel s'avère importante dans

---

37. Gérard Artaud, *L'intervention éducative, Au-delà de l'autoritarisme et du laisser-faire*, Presses de l'Université d'Ottawa, Ottawa, 1989, p. 34.

38. Gérard Artaud, « La crise d'identité de l'adulte et ses incidences éducatives », dans *Revue des sciences de l'éducation*, Montréal, vol. VIII, n° 3, 1982, p. 464.

l'estime de soi. En effet, selon Ruel[39], cette représentation de soi s'est construite au rythme des expériences individuelles et sociales que l'individu a vécues et qui lui ont permis d'élaborer ses concepts de soi, d'où émerge l'estime de soi. Selon l'auteur, meilleure est la représentation de soi en regard d'un objet à atteindre, plus intense sera la motivation pour atteindre un but.

La motivation à enseigner

Dans la relation éducative, l'enseignant joue un rôle primordial. Il est l'éducateur. Il est celui de qui dépend l'acte éducatif. Cependant, il vit une grande dichotomie, un déchirement. Comme nous l'avons dit précédemment, l'éducation vise, pour l'enfant, l'acquisition de son autonomie et de sa liberté. Par contre, l'enseignant est inséré dans un moule social plutôt contraignant. Il amène certes l'élève vers cette autonomie, mais sait fort bien que toute sa démarche sera imprégnée des valeurs imposées par le milieu social et culturel. Les enseignants n'ont pas le choix de véhiculer ces valeurs ; par exemple, la nécessité de la réussite scolaire, chemin de la réussite financière, signe de la réussite sociale. Cette dichotomie empêche l'enseignant d'être lui-même, et celui-ci se voit déchiré entre la réalité d'une société de consommation et ses propres objectifs de formation. Si l'éducation, pour lui, est synonyme d'autonomie, dans le contexte d'une vie sociale, humaine et responsable, il doit alors mieux se connaître en regard de sa profession pour être lui-même davantage autonome. Il ne s'agit pas de s'autoévaluer, car cela impliquerait des jugements qui se traduisent, le plus souvent, en sentiments de culpabilité. Cela nuirait à l'élan vital d'un soi qui se doit d'être motivé pour affronter le quotidien de l'enseignement. Il s'agit d'abord et avant tout, d'une autoconnaissance intuitive, pour mieux s'apprécier en vue d'être positif. Être soi-même constitue le fil conducteur, l'objectif vital pour maintenir en éveil la motivation.

En effet, en enseignement, la motivation joue un très grand rôle. C'est la pierre angulaire de toute démarche éducative. L'enseignant tente sans cesse de motiver ses élèves. Les collègues, la direction, le conjoint et les élèves peuvent en retour motiver l'enseignant. Malheureusement, ceux-là le démotivent la plupart du temps. La vraie motivation est celle que l'enseignant puise au fond de lui-même. Ainsi, l'éducation, consistant à atteindre un plus-être, devrait se révéler comme le besoin le plus motivant, autant pour l'élève que pour l'enseignant. Cette volonté d'être davantage soi-même n'est-elle pas la raison première de l'engagement de tout éducateur dans la rencontre avec l'élève ?

L'estime de soi de l'enseignant

La réussite de la relation éducative prend tout son sens au moment où l'élève atteint un plus-être. L'estime de soi de l'enseignant serait proportionnelle à l'atteinte de ce résultat et à la démarche consciente pour arriver à cet objectif. L'enseignant trouve sa véritable motivation à l'intérieur de cette estime de soi qu'il puise en lui-même.

Hélas, traditionnellement, notre système de valeurs a été fabriqué suivant une notion d'autorité ou d'image idéalisée qui s'interpénètrent subtilement.

39. Pierre-H. Ruel, « Motivation et représentation de soi », dans *Revue des sciences de l'éducation*, Montréal, vol. XIII, no 2, 1987, p. 239.

Les parents suivis des professeurs servent de premiers modèles. Le plus souvent, les valeurs qu'ils transmettent ne sont pas intégrées. La structure hiérarchique, particulièrement dans le milieu de l'enseignement, demeure très forte. Soumis, l'enseignant risque de perpétuer le modèle *ad nauseam*. Il y a donc lieu, pour lui, de procéder à une intégration responsable de son vécu professionnel, voie la plus sûre vers l'accès à son autonomie. Il peut y arriver en se connaissant mieux sur le plan professionnel, c'est-à-dire en devenant authentique parce qu'égal à lui-même. Dès lors, il arrivera à projeter à l'extérieur son vrai soi. L'enseignant doit trouver une réponse à la question suivante : qui est et qui doit être le point de repère dans ma profession ?

Pour être lui-même et être son propre point de repère, il doit laisser libre cours à son soi authentique, laisser émerger sa spontanéité, vivre sincèrement ses sentiments, permettre l'expression de sa sensibilité dans une pleine maîtrise de soi. Par la suite, il pourra procéder à une analyse plus approfondie de ce qu'il est professionnellement : il en sentira le besoin.

Une meilleure représentation de lui-même comme enseignant et une meilleure connaissance de soi constituent les deux pôles dialectiques de la motivation de l'enseignant. Cette motivation l'amène à assumer que la véritable valorisation de la profession d'enseignant réside dans la volonté de vivre une relation éducative de plus grande qualité, résultat d'une grande autonomie et d'une véritable authenticité professionnelle.

Conclusion

Maslow[40] a bien posé la relation dynamique qui appuie la connaissance de soi, en affirmant que plus tu te perçois bien, plus tu es toi-même. Mais encore faut-il accepter de se percevoir tel qu'on est, défi majeur de l'enseignant. En effet, c'est à travers son enseignement qu'il se fait lui-même, qu'il se construit, qu'il se développe — réalité que captent bien les élèves. Une recherche américaine a démontré que « parmi les facteurs de succès et de mise en place de situation d'apprentissage de qualité, la personnalité du professeur compte parmi les facteurs les plus importants[41]. » On comprend toute l'importance de cette constatation pour une relation éducative de qualité.

Nous proposons de personnaliser davantage cette profession pour que l'acte éducatif soit personnalisant. L'enseignant se heurte souvent à des définitions de lui-même qui sont des *a priori* théoriques issus des sciences comme la psychologie, la philosophie, la biologie et même la statistique. Ces définitions le cristallisent dans des modèles qui le frustrent. Qu'en est-il du point de vue de l'enseignant au sujet de sa profession, puisqu'il est le mieux placé pour la dépeindre ? Il importe pour l'enseignant d'être lui-même professionnellement, si l'on veut que la relation éducative soit de la plus grande qualité possible. Être soi-même, objectif vital de l'enseignant, sera le point d'ancrage non seulement de l'enseignant, mais aussi de l'élève.

---

40. Abraham Maslow, « Isomorphic Interrelationship between Knower and Known » dans *Sign, Image, Symbol*, G. Kepes, réd., N. Y., George Braziller Inc., 1966, p. 134 à 143.

41. Louis, Kelly, *Analyse du concept de soi chez des maîtres en enseignement professionnel et de son évolution dans le cadre de programmes universitaires de formation des maîtres*, Montréal, Rapport de recherche du GREC (Groupe de recherche en évaluation des curriculum) de l'UQÀM, 1981.

ANNEXE **XIII**

Exemples de travaux étudiants à insérer dans le portfolio

A. Rapport d'observation de visite éducative

par Carole Lagassé et Mélanie Fortin
Travail présenté à M. Richard Desjardins, professeur
du cours de sciences humaines au primaire
(M-4) EDDP-4573
Faculté des sciences de l'éducation
Université de Moncton, Campus de Moncton
le 16 octobre 2001

Introduction

Une visite éducative constitue pour les élèves une expérience enrichissante et une aventure inoubliable qui permet de concrétiser les apprentissages vécus en classe. Lors de notre visite au parc du Centenaire de Moncton, nous avons observé différents éléments tous plus intéressants les uns des autres. Pour chacun des éléments observés, nous préciserons le lien qui renvoie au programme de sciences humaines. Par la suite, nous vous ferons part du résultat d'apprentissage spécifique auquel est rattaché l'élément observé. Finalement, nous suggérerons diverses stratégies d'enseignement qui permettront aux élèves de mieux comprendre les éléments observés lors de la randonnée. À la fin de notre projet, vous trouverez les résultats de nos relevés à la boussole.

Développement

Lors de cette sortie éducative, nous avons remarqué une multitude d'éléments. Cependant, cinq d'entre eux ont retenu notre attention :

1er élément observé : renforcement des liens entre les individus appartenant au groupe-classe

- En lien avec quel programme ?
  Sciences humaines (maternelle)

- En lien avec quel R (résultat) A (apprentissage) S (spécifique) ?
  Société : l'élève doit pouvoir reconnaître son groupe-classe comme un des groupes d'appartenance.

- Comment l'élève fera-t-il cette observation ?

L'élève aura un meilleur sentiment d'appartenance vis-à-vis de son groupe-classe grâce aux nombreuses interactions et discussions à l'extérieur de la classe (exemple : entraide sur le fonctionnement de la boussole).

2e élément observé : les différents types d'animaux rencontrés lors de la sortie éducative

- En lien avec quel programme ?
Sciences humaines (maternelle)

- En lien avec quel RAS ?
Société : l'élève doit pouvoir reconnaître ses besoins.

- Comment l'élève fera-t-il cette observation ?

Durant la randonnée, nous avons observé deux écureuils, ainsi que des canards et un pigeon qui étaient en train de se nourrir. Tout comme nous, les animaux sauvages doivent se nourrir pour survivre, d'où l'importance de la chaîne alimentaire. Pour l'illustrer, nouspourrions demander aux enfants de représenter, par un dessin, le thème « Qui mange qui ? » ou « Qui mange quoi ? » lors de notre retour en classe.

3e élément observé : Les forêts du Nouveau-Brunswick sont mixtes

- En lien avec quel programme ?
Sciences humaines (2e année)

- En lien avec quel RAS ?
Territoire : l'élève doit pouvoir décrire des éléments des milieux naturels et construits des territoires sur lesquels vit sa communauté.

- Comment l'élève fera-t-il cette observation ?

L'élève sera en mesure de distinguer la différence entre un conifère et un feuillu, en les observant dans la forêt. Il pourra distinguer le conifère par ses épines ou par ses aiguilles. Il pourra également identifier un feuillu en sachant que ce genre d'arbre n'a que des feuilles. Pour faciliter la tâche de l'enfant, on pourrait associer le conifère à un sapin de Nöel, et le feuillu à un érable.

4e élément observé : L'importance qu'occupe l'industrie forestière au Nouveau-Brunswick

- En lien avec quel programme ?
Sciences humaines (4e année)

- En lien avec quel RAS ?
Société : L'élève doit pouvoir caractériser les principales activités économiques du Nouveau-Brunswick.

- Comment l'élève fera-t-il cette observation ?

Durant une activité pédagogique, l'enseignant pourrait initier l'élève aux diverses manières d'utiliser les produits forestiers dans sa province et dans un pays chaud. L'industrie forestière est cruciale pour l'économie de notre province. L'enseignant pourrait questionner les élèves sur la façon dont on exploite les ressources forestières au Nouveau-Brunswick (exemple : les produits dérivés de l'érable, le chauffage, la main-d'œuvre…). Pour faire une comparaison de nos forêts avec celles de nos voisins du Sud, l'enseignant pourrait démontrer que les forêts du Sud n'ont pas la même utilité que nos forêts (exemple : les arbres se trouvant dans les forêts du Sud sont plus de type fruitier).

5ᵉ élément observé : L'importance de préserver l'habitat des animaux

- En lien avec quel programme ?
  Sciences humaines (4ᵉ année)

- En lien avec quel RAS ?
  Territoire : L'élève doit pouvoir décrire les principaux éléments des milieux naturels et construits du Nouveau-Brunswick.

- Comment l'élève fera-t-il cette observation ?

Nous demanderons aux élèves de quelle façon il est possible de préserver les habitats des animaux dans nos forêts. Par la suite, nous expliquerons aux élèves qu'il existe des moyens, mais qu'ils ne sont pas tous infaillibles. L'enseignant peut expliquer qu'il existe trois façons pour couper les arbres de la forêt, mais que seuls deux d'entre elles sont moins néfastes pour les animaux : la coupe à blanc, la coupe progressive et la coupe sélective. Lors de la randonnée, on pourrait montrer une coupe à blanc et expliquer que cette région a été dénudée de son bois pour des raisons commerciales et qu'on reboise la forêt en transplantant de jeunes arbres mais que celle-ci mettra 20 ans avant de redevenir ce qu'elle était. Cette coupe est alors la plus néfaste pour les animaux. On pourrait par la suite montrer une coupe progressive qui se caractérise par la coupe d'arbres adultes. En tant qu'enseignant, on peut expliquer que ce genre de coupe entraîne la création de groupes d'arbres du même âge et permet aux animaux de conserver un habitat à peu près normal. Finalement, la coupe sélective est celle qui comporte le plus d'avantages. Plutôt que de raser entièrement un territoire, on sélectionne les arbres qu'on désire couper. Cela procure plus d'espace entre les arbres et favorise leur croissance en raison du surplus de lumière qu'ils reçoivent ; cette coupe préserve les habitats naturels. C'est donc en privilégiant la coupe sélective et progressive du bois qu'on peut limiter les torts causés à l'environnement et aux animaux.

Résultats obtenus lors des relevés à la boussole

Point de départ (azimut) : 310 NO
1er pont : azimut : 22 NE
2e pont : azimut : 222 SO
3e pont : azimut : 83 E
4e pont : azimut : 40 NO

Conclusion

En conclusion, nous avons beaucoup aimé notre petite excursion au parc du Centenaire, car elle nous a permis d'en apprendre davantage sur l'importance d'inclure des sorties éducatives dans nos stratégies d'enseignement. Ce genre de sortie permet à l'enfant de jouer un rôle actif dans son apprentissage et à l'enseignant de toucher à un plus grand nombre de champs d'intérêt dans son activité, car une sortie éducative touche différents styles d'apprentissage. Les enfants ont alors l'impression de concrétiser leurs apprentissages…

B. Présentation d'une activité pédagogique

par Carole Lagassé et Mélanie Fortin
Travail présenté à M. Richard Desjardins, professeur
du cours de sciences humaines au primaire
(M-4) EDDP-4573
Faculté des sciences de l'éducation
Université de Moncton, Campus de Moncton
le 16 octobre 2001
Présentation d'une activité pédagogique
Titre de l'activité : La sécurité dans la rue

Description de l'activité

Notre activité a pour objectif de sensibiliser l'élève aux différents dangers que représente la rue. Lors de l'activité, l'apprenant sera en mesure de reconnaître quelques panneaux de signalisation routière et quelles sont les règles de sécurité à observer dans la rue.

• Lié à quel principe directeur : socioconstructivisme

Le principe de socioconstructivisme permet à l'enfant de participer activement à son apprentissage. Pour ce faire, il devra interagir avec ses pairs et faire certains liens avec ses connaissances antérieures en ce qui a trait à la sécurité dans la rue. L'apprentissage des élèves sera favorisé par l'utilisation de quelques panneaux de signalisation qui les guideront pour traverser la rue de façon plus sécuritaire et auxquels ils seront confrontés dans la vie quotidienne.

• Lié à quel grand thème : les interactions des humains avec leur territoire

Afin d'assurer la sécurité de chacun dans la rue, nous devons respecter le code de la route. Les panneaux routiers sont disposés de façon à permettre à la société de bien fonctionner et de se déplacer en toute sécurité.

• Lié à quel objectif du programme : expliquer les règles de vie de sa communauté et associer ces règles à des personnes qui voient à leur application (2e année)

Dans le cadre de cette activité, les élèves apprendront à suivre les divers panneaux routiers et ils pourront reconnaître les gens qui assurent leurs bons fonctionnements. Si nous prenons par exemple le brigadier scolaire, il importe que les élèves sachent que cette personne est désignée pour veiller à leur bien-être lorsqu'ils sont sur le chemin de l'école.

• Lié à quel concept : l'éveil au concept d'espace

Les élèves doivent arriver à repérer ces panneaux routiers et en déterminer leurs utilités afin d'en tirer pleinement profit. L'association spatiale permet à l'enfant de relier différents signes routiers. Par exemple, l'enfant peut se faire une représentation mentale du brigadier scolaire qui se trouve à l'endroit où les élèves peuvent traverser la rue en toute sécurité. Pour ce qui est de la représentation spatiale, l'apprenant peut lier les multiples panneaux à leurs fonctions précises.

• Lié à quelle habileté intellectuelle : observer

À la fin de cet objectif d'apprentissage, l'élève devra être capable de reconnaître plusieurs panneaux de signalisation fréquemment utilisés dans la rue.

• Lié à quelle habileté technique : l'orientation dans l'espace et l'utilisation de graphiques

Cette activité pédagogique présentée en sciences humaines permettra à l'élève d'intégrer les multiples représentations graphiques comme les passages pour piétons, le brigadier scolaire ainsi que les feux de circulation. Par l'utilisation de graphiques, l'enfant sera également en mesure de reconnaître différents panneaux de signalisation.

• Lié à quelle attitude intellectuelle : ouverture d'esprit

L'objectif est de susciter la curiosité et de sensibiliser l'apprenant aux dangers possibles que peut représenter la rue si on ne possède pas les connaissances nécessaires pour bien l'emprunter.

• Lié à quelle attitude sociale : respect de son environnement

En connaissant les multiples panneaux routiers affichés dans sa communauté, l'élève doit prendre l'habitude de les respecter. Par exemple, s'assurer que les véhicules sont immobilisés des deux côtés de la rue avant de la traverser.

Déroulement de l'activité

• Montrer des transparents sur les panneaux de signalisation routière afin de vérifier les connaissances antérieures des élèves.

• Des élèves feront de courtes mises en situation sur la sécurité qui contiennent des erreurs ou des choses à ne pas faire dans la rue. Les autres élèves devront trouver les erreurs pour corriger leurs camarades.

• Présentation des mises en situation 1 et 2.

• On allouera aux élèves de 30 secondes à 1 minute pour qu'ils se préparent à jouer la mise en situation.

• Les élèves reprennent leur place. L'enseignant leur demande de nommer l'erreur qui a été glissée dans la mise en situation qu'ils ont présentée et comment elle pourrait être corrigée.

• Finalement, la mise en situation est rejouée de façon convenable afin d'assurer une meilleure compréhension de ce qu'est la sécurité dans la rue.

Référence : Richard Desjardins, *Ressources didactiques, sciences humaines au primaire,* Moncton, 2000.

La motivation à observer et à être observé dans l'enseignement

Je vais vous dire une vérité de La Palice : il n'y a pas deux enseignants identiques ! Par contre, ils font tous la même chose : enseigner ! Ce postulat m'amène à affirmer que chacun PEUT et DOIT découvrir, posséder, maîtriser, améliorer, conscientiser son style personnel en tant qu'enseignant, sa personnalité professionnelle. Toutefois, et c'est heureux, cette quête du soi professionnel prend ses racines dans des aspects professionnels communs à tous les enseignants : stratégies pédagogiques, gestion de classe, langue et communication. À titre d'enseignant en formation, chacun est unique dans ce qu'il est personnellement et professionnellement et, à la fois, chacun participe à la même profession, contextualisée ici et maintenant.

La gêne que certains enseignants ressentent à faire des observations sur les points faibles de leurs collègues, prend peut-être sa source dans cette constatation : chacun enseigne selon ce qu'il est. À mon avis, la timidité vient du fait que l'on doit observer non seulement des techniques, mais aussi une personnalité professionnelle. L'ambiguïté de la position de l'observateur, les enseignants en formation en l'occurrence, proviendrait du fait qu'ils croient observer la personnalité même de l'enseignant alors que l'observation ne doit porter que sur sa personnalité professionnelle.

Je ne nie pas que ce soit difficile, car cette personnalité professionnelle s'incarne dans une personne. Voilà où se situe l'ambiguïté. Par exemple, quand j'écris au sujet d'un de mes collègues qu'il n'est pas assez enthousiaste, il devrait être clair, dans cette observation, que je m'adresse à sa personnalité professionnelle. Il est aussi difficile (c'est ce qui fait l'ambiguïté) de faire part d'une faiblesse à un collègue que d'accepter une remarque au sujet d'une de nos faiblesses, sachant qu'à travers tout commentaire on s'adresse autant à sa personne qu'à sa personnalité professionnelle.

De fait, cette remarque s'adresse à ma personnalité professionnelle, mais c'est ma personne qui la reçoit. D'ailleurs, plus cette remarque touche à des qualités personnelles ou à des défauts personnels, plus difficile sera son acceptation, en raison de la remise en question qu'elle suscite.

Au cours de la formation initiale, comme étudiant, la personnalité professionnelle est embryonnaire en ce sens qu'elle commence à se former et que les éléments de formation viennent de l'extérieur. Elle est d'abord et avant tout formée selon les attentes des autres (la direction de l'école, le professeur-associé, les élèves, les professeurs de l'université, la formation théorique ou les modèles d'anciens maîtres). Donc, la personnalité professionnelle de l'étudiant s'exprime d'abord en termes de références externes. C'est pourquoi on est très sensible aux remarques des autres et qu'en contrepartie on est très prudent pour en faire aux autres. L'étudiant cherche à consolider sa personnalité professionnelle. (D'ailleurs, cela dure plusieurs années.) Il a peur parce que, par analogie, il sait très bien l'embarras dans lequel il serait si on lui adressait des critiques négatives en raison de son manque de confiance. Ces critiques, qui lui plairaient peu, pourraient devenir des entraves à ses relations humaines dans son groupe-classe, en formation initiale.

Il est donc essentiel de dissocier la personne de la personnalité professionnelle dans notre façon d'observer et dans la réception des observations des autres. Car l'expérience est le terrain privilégié pour apprendre. C'est en enseignant que la personnalité professionnelle peut prendre racine dans un enseignant. Plus vous enseignerez, plus vous pourrez vivre votre façon d'enseigner. Je ne suis pas en train dire que l'enseignement ne s'apprend que par l'expérience, mais bien que l'acte d'enseigner ne peut s'apprendre sans avoir vécu l'expérience d'enseigner. C'est un apprentissage que l'on qualifie de pratique réflexive.

Dans ce contexte, voici pourquoi observer et être observé est essentiel.

L'acte d'enseigner est un acte très complexe parce qu'il est multiple. Bien des phénomènes se passent au moment même où je donne mon enseignement. Malgré cette complexité, l'enseignant procède d'abord et avant tout d'un agir intuitif. Il peut préparer minitieusement son cours, mais ne peut préparer l'instant présent où il agira, où il enseignera. Par exemple, il peut avoir prévu une question de départ pour éveiller la curiosité des élèves et amorcer sa matière. Mais au moment même où il est en classe avec les élèves, dans le ici et maintenant, il est dans la réalité. Cette réalité n'a jamais été vécue ou prévue exactement comme il la vit maintenant. Elle lui commande son agir éducatif. Tout son cours doit s'incarner dans cette réalité contextuelle et relationnelle, impossible à prévoir. (Les élèves sont-ils souriants, bruyants, y en a-t-il deux qui se disputent, sont-ils découragés par les notes qu'ils viennent de recevoir, l'enseignant lui-même éprouve-t-il des problèmes de digestion après une altercation avec la personne avec qui il partage sa vie ou avec son adolescent, est-il morose ou joyeux à la suite d'un commentaire du directeur, d'un collègue ou d'un élève avant d'entrer en classe…)

Par un acte intuitif, l'enseignant doit décider de la meilleure façon d'agir ici et maintenant. Il doit incarner l'acte d'enseigner en composant avec toutes les circonstances contextuelles et relationnelles qui s'imposent à lui. À ce moment, et pendant toute la durée du cours, il doit faire appel à toutes ses ressources personnelles et professionnelles pour amorcer sa matière.

Le rôle d'observation que nous jouons est donc extrêmement important puisque l'acte intuitif qui commande l'acte d'enseigner procède d'une perception globale ; par contre, les observations que nous faisons procèdent d'un acte analytique. Elles permettent de décortiquer les gestes faits par l'enseignant. En définitive, comme c'est l'expérience qui assure en grande partie la compétence d'un enseignant, il est donc du devoir des collègues de faire des observations sur votre enseignement parce qu'eux seuls ont l'expertise pour ce faire. Il s'agit des enseignants en formation, des professeurs-associés et des professeurs de l'université. Plus ils ont de l'expérience, plus grande devrait être leur expertise. Et plus il y a des collègues qui vous font des observations, plus vous en apprendrez sur vous-même. Mais le malheur de cette profession est que chacun s'enferme dans sa classe : la plupart manquent ainsi l'occasion d'avoir cette rétroaction essentielle des collègues. Le plus souvent, ce sont les élèves qui donnent des commentaires, mais ce n'est pas toujours de la façon souhaitée !

On apprend à faire ces observations en les présentant justement et en se référant à son propre enseignement. De fait, la perception qu'un collègue a de l'enseignement est à l'origine un acte intuitif, l'analyse venant en second lieu. Donc, chacun de vous observe à partir d'une perception intuitive, c'est-à-dire à travers le prisme déformant de ses yeux, puisque qu'il observe selon sa personne et sa personnalité professionnelle. Par conséquent, chacun observe à partir de ses valeurs, de ses certitudes au sujet de l'enseignement. Plus il y a d'observateurs, meilleure est la chance d'y voir poindre un fil conducteur objectif. S'il fallait ne se fier qu'à un seul observateur, le risque serait grand d'imiter sa façon d'enseigner.

Les enseignants en formation ont tout intérêt à observer les autres et à déceler leurs points forts et leurs points faibles. Cela permet non seulement d'aider l'autre, mais de s'aider soi-même. Au moment de l'observation, je procède à une analyse qui me permet d'intégrer davantage ma propre pratique puisque je conceptualise mieux ces observations, qui se rapportent à mon propre vécu d'enseignant. (Si j'ai observé tel aspect, c'est parce que ma personnalité professionnelle le juge important.) En observant, j'établis en même temps une synthèse dans mon tout qu'est ma personnalité professionnelle.

Deux moyens pour intégrer en soi son apprentissage

Il appartient à chacun d'intégrer sa formation théorique et pratique dans sa personne et dans sa personnalité professionnelle. Par conséquent, il faut une attitude d'ouverture aux autres, d'accueil et de confiance pour accepter leurs informations à la suite de leurs observations et pour intégrer en soi celles qu'on juge pertinentes, tout comme le fait de faire des remarques aux autres.

Je crois qu'une des meilleures façons d'intégrer tous ces éléments qui forment votre personnalité professionnelle serait de tenir un journal tout au long de vos années de formation. Cela permettrait de conceptualiser et de structurer, en pensée, toute cette analyse personnelle qui surgit des stages, du micro-enseignement ou d'un cours théorique. En parallèle, il y aurait lieu de noter les trois aspects de votre vécu :

- les éléments de votre personne (apprendre à vous connaître dans tout ce que vous êtes comme personne) ;
- les éléments de votre personnalité professionnelle (que vous découvrez et acquérez au fur et à mesure de la pratique) ;
- les éléments théoriques (que vous jugez importants et qui vous frappent dans les différents cours théoriques).

Essayez surtout de chercher à établir des liens entre ces trois aspects.

Ces liens seront la synthèse, le ciment de votre personnalité professionnelle. Elle vous permettra de répondre à la question qui me semble primordiale : quel est le fil conducteur, le moteur de votre personnalité professionnelle ?

Ce ne sont pas les professeurs de l'université, les professeurs-associés ou les enseignants en formation qui font votre personnalité professionnelle, mais bien vous en intégrant les aspects que vous jugerez bons pour vous. Ne serait-ce pas devenir de plus en plus conscient de qui vous êtes comme personne et comme enseignant, et de communiquer dans la relation éducative, c'est-à-dire entrer en relation vraie avec vos élèves ?

Voici d'autres questions qui me semblent essentielles au cours de votre formation :

- Comment, apprenez-vous à enseigner ?
- Quelle part l'expérience et la théorie occupent-elles dans votre formation ?
- Qu'est-ce qu'enseigner pour vous ?
- Qu'est-ce qu'apprendre pour vous ?
- Quelles sont vos qualités personnelles et professionnelles qui vous permettent de croire que vous pouvez être un bon enseignant ?

ANNEXE **XV**

Réflexions sur les différents éléments constitutifs et significatifs que je veux insérer dans mon portfolio

(Voir la section 2.2.)

Qu'est-ce que je veux que mon portfolio illustre de moi en tant qu'enseignant ? Quelles sont mes caractéristiques et mes habiletés ?

_____

_____

_____

_____

_____

_____

_____

Qu'est-ce que je veux que mon portfolio illustre de moi comme apprenant au sujet de ma profession ? Qu'ai-je appris et comment l'ai-je appris ?

_____

_____

_____

_____

_____

_____

_____

Quelles directions mes autoévaluations me suggèrent-elles de prendre par rapport au cheminement de ma carrière ?

_____

_____

_____

_____

_____

_____

_____

Quels sont les points forts ou les éléments à améliorer dont mes collègues, mes élèves ou les membres de la direction m'ont fait part? Comment devrais-je les mettre en évidence dans mon portfolio?

_____

_____

_____

_____

_____

_____

Quelle impression ou image générale de moi aimerais-je que mon portfolio laisse au lecteur?

_____

_____

_____

_____

_____

_____

ANNEXE XVI

Curriculum vitæ
(Voir la section 2.4.)

Scolarité :

_____
_____
_____
_____
_____
_____
_____
_____
_____
_____
_____
_____
_____

Expériences pertinentes :

_____
_____
_____
_____
_____
_____
_____
_____
_____
_____
_____

ANNEXE **XVII**

J'élabore mon plan de croissance professionnelle
(Voir la section 2.7.)

Tableau schématique

Objectif atteint, et qui fait ma force ?	Expérience vécue Où, quand, comment ai-je atteint cet objectif ?	Objectif à améliorer	Expérience vécue qui montre en quoi je devrais m'améliorer	Par quels moyens concrets vais-je m'améliorer

Réflexions sur mon autoportrait en relation avec ma pratique professionnelle
(Voir la section 2.8)

Mes valeurs

_____

_____

_____

Mes certitudes

_____

_____

_____

Mes champs d'intérêt

_____

_____

_____

Mes caractéristiques personnelles

_____

_____

_____

Mes qualités

_____

_____

_____

Mes habiletés

_____

_____

_____

Mon style d'apprentissage

_____

_____

_____

ANNEXE XIX

Synthèse de l'autoévaluation de ma pratique professionnelle
(Voir la section 2.10.)

Ce qui est positif ou très positif dans mon enseignement :

1. _____
_____
_____
_____

2. _____
_____
_____
_____
_____

3. _____
_____
_____

Ce qui est à améliorer dans mon enseignement :

1. _____
_____
_____
_____

2. _____
_____
_____
_____

3. _____
_____
_____
_____

Réflexions sur ma gestion de classe
(Voir la section 2.11.)

Quelles sont mes interventions quotidiennes en classe qui relèvent d'une gestion :

à tendance libre ;

_____

_____

_____

_____

_____

mécanique ;

_____

_____

_____

_____

_____

fermée ;

_____

_____

_____

_____

_____

participative.

_____

_____

_____

_____

_____

Un exemple de plan de cours
(Voir la section 2.13.)

Matière : _____   **Date :** _____

Niveau : _____

1. Titre du cours :

_____

_____

2. Objectifs généraux :

_____

_____

3. Objectifs spécifiques :

_____

_____

4. Déroulement (mise en situation et motivation, la ou les méthodes d'enseignement et la ou les activités ou stratégies d'apprentissage) :

_____

_____

5. Matériel :

_____

_____

6. Le ou les devoirs, évaluations (test ou examen), la ou les activités supplémentaires (selon le cas) :

_____

_____

ANNEXE XXII

La planification de mon enseignement à long terme
(Voir la section 2.16.)

Les principaux objectifs d'enseignement et d'apprentissage

_____

_____

_____

Les stratégies, les formules et les techniques d'enseignement permettant l'atteinte des objectifs

_____

_____

_____

Les activités d'apprentissage pour atteindre les objectifs d'apprentissage

_____

_____

_____

Des moyens variés pour donner une rétroaction aux élèves

_____

_____

_____

Un ou des modèles d'évaluation appropriés

_____

_____

_____

ANNEXE XXIII

Les évaluations des élèves sur mon enseignement
(Voir la section 2.18.)

Pour aider les élèves, on peut leur distribuer un tableau indicateur sur différents aspects de l'enseignement :

En regard du climat

- Tu es juste avec tout le monde.
- Tu possèdes le sens de l'humour.
- Tu es de bonne humeur, tu as le sourire facile.
- Tu es capable d'expliquer le pourquoi d'une punition ou d'une récompense.
- Tu donnes le bon exemple à tes élèves.
- Tu es capable d'accepter les idées de tes élèves même si elles sont différentes des tiennes.
- Tu nous donnes le goût de travailler.

- Tu aimes ce que tu fais.
- Tu es à notre écoute.
- Tu es capable de nous parler de la vraie vie.
- Tu respectes tes élèves.
- Tu nous rappelles à l'ordre sans te fâcher.
- Tu nous félicites et tu nous valorises.
- Tu t'intéresses à notre vie personnelle.
- Tu communiques bien avec nos parents.

En regard des apprentissages

- Tu nous apprends beaucoup de choses.
- Tu parles un langage qu'on comprend.
- Tu es capable de nous faire participer en classe.
- Tu es très disponible pour nous aider.
- Tu utilises du matériel concret pour nous faire comprendre la matière.

- Tu acceptes nos erreurs sans dramatiser.
- Tu nous donnes des outils pour apprendre.
- Tu nous proposes des projets intéressants.
- Tu respectes notre façon d'apprendre.

En regard du contenu

- Tu as la patience de reprendre les explications quand un élève ne comprend pas.
- Tu connais bien ta matière.
- Tu nous prépares bien aux examens.

- Tu donnes toujours les explications nécessaires avant de proposer un nouveau travail.
- Tu es capable de passer ta matière de façon vivante et intéressante.

En regard de l'organisation de la classe

- Tu laisses de la liberté à tes élèves pour qu'ils puissent être autonomes.
- Tu permets à tes élèves de faire des choix.
- Tu respectes notre rythme pour apprendre.

- Tu nous donnes des moments libres pour qu'on puisse nous-mêmes gérer notre travail.
- Tu nous fais participer à la vie de la classe.
- Tu nous permets d'apprendre par l'entraide et la coopération.

Voici tes forces (tes points forts) :

Force 1 :

_____

_____

_____

Force 2 :

_____

_____

_____

Force 3 :

_____

_____

_____

Voici tes défis (tes éléments à améliorer) :
(L'élève peut reprendre la liste ci-dessus et proposer tel ou tel point comme défi à améliorer.)

Défi 1 :

_____

_____

_____

Défi 2 :

_____

_____

_____

Défi 3 :

_____

_____

_____

Inspiré de Caron[42]

42. J. Caron, _Quand revient septembre… guide sur la gestion participative de la classe_, vol. 1, Montréal, Les Éditions de la Chenelière, 1994, p. 89-90.

ANNEXE XXIV

Réflexions en vue de se préparer à une entrevue
(Voir la section 2.19.)

Parlez-moi de vous.

_____

_____

_____

Parlez-moi de votre expérience pour l'emploi que vous postulez.

_____

_____

_____

Pourquoi désirez-vous travailler pour notre entreprise ?

_____

_____

_____

Quels sont vos points forts ?

_____

_____

_____

Quels sont vos points faibles ?

_____

_____

_____

Quelle est votre philosophie de l'éducation et de l'enseignement-apprentissage ?

_____

_____

Pouvez-vous travailler sous pression ou avec des délais serrés comme cela peut arriver dans une classe composée de 25 ou 30 élèves ?

_____

_____

_____

Que feriez-vous dans « cette » situation difficile ?

_____

_____

_____

ANNEXE XXV

Je construis mon modèle pédagogique

Pour réaliser son propre modèle pédagogique, on peut se référer à l'annexe VII « Les objectifs de formation de la Faculté » et à l'exemple d'un modèle à l'annexe VIII.

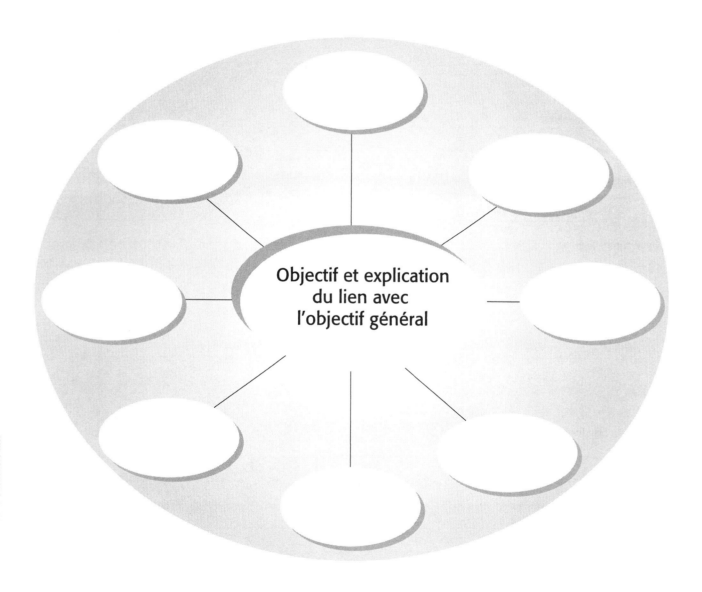

A N N E X E XXVI
Journal de bord

Au fil des jours et des semaines, prenez en note vos réflexions concernant votre philosophie de la pédagogie, vos objectifs professionnels, vos modèles pédagogiques et de gestion de classe, les approches pédagogiques que vous privilégiez, la formation reçue et les outils pédagogiques que vous développez (tests d'évaluation, outils pour pédagogie différenciée, etc.).

Vous serez ainsi en mesure de suivre votre progression dans le temps et de mieux cerner les ajustements à effectuer.

Date : _____   Sujet : _____

Notes :

_____

_____

_____

_____

_____

_____

_____

_____

Date : _____   Sujet : _____

Notes :

_____

_____

_____

_____

_____

_____

_____

_____

Date : _____ Sujet : _____

Notes :

_____
_____
_____
_____
_____
_____
_____
_____
_____
_____
_____
_____

Date : _____ Sujet : _____

Notes :

_____
_____
_____
_____
_____
_____
_____
_____
_____
_____
_____

Date : _____ Sujet : _____

Notes :

_____
_____
_____
_____
_____
_____
_____
_____
_____
_____
_____

Bibliographie

ASHCHERMAN, J. R. *Electronic Portfolios : Why ? What ? How ?,* Society for Information and Teacher Education International Conference (10ᵉ, San Antonio, TX, 28 février- 4 mars), 1999. ERIC Document Reproduction Service n° ED 432 305.

BERGER, M. J. *Portfolio de l'enseignante et de l'enseignant,* Centre Franco-ontarien des ressources pédagogiques, Ottawa, 1999.

BLACK, S. « Portfolio Assessment », dans *The Executive Educator,* vol. 15, n° 1, 1993.

BLOOM, B. S. *Taxonomie des objectifs pédagogiques,* Montréal, Éducation Nouvelle, 1977.

CARON, J. *Quand revient septembre... guide sur la gestion participative de la classe,* vol. 1, Montréal, Chenelière/McGraw-Hill, 1994.

CARON, J. *Quand revient septembre... Recueil d'outils organisationnels,* vol. 2, Montréal, Chenelière/McGraw-Hill, 1997.

CAMPBELL, M. D. et coll. *How to Develop a Professional Portfolio, A Manual for Teachers,* Allyn and Bacon, A Pearson Education Company, MA, 2001.

CONSTANTINO, P. M. et Marie N. DE LORENZO. *Developing a Professional Teaching Portfolio, A Guide for Educators,* University of Maryland, College Park, 1998.

DANIELSON, C. *Enhancing Professional Practice, A Framework for Teaching,* Alexandria, Virginia, ASCD, Association for Supervision and Curriculum Development, 1996.

DANIELSON, C. et L. ABRUTYN. *An Introduction to Using Portfolios in the Classroom,* Alexandria, Virginia, ASCD, Association for Supervision and Curriculum Development, 1997.

DIETZ, M.E. « Using Portfolios as a Framework for Professional Development », *Journal of Staff Development, vol. 16, n° 2,* 1995, p. 40-43.

FACULTÉ DES SCIENCES DE L'ÉDUCATION DE L'UNIVERSITÉ DE MONCTON. *La Mission de la Faculté,* Moncton, 1997.

FARR, R. et B. TONE. *Le portfolio au service de l'apprentissage et de l'évaluation,* Montréal, Chenelière/McGraw-Hill, 1998.

GAGNÉ, P. P. *Pour apprendre à mieux penser, Pour aider les élèves à gérer leur processus d'apprentissage,* Montréal, Chenelière/McGraw-Hill, 1999.

GOUPIL, G. *Portfolios et dossiers d'apprentissage,* Montréal, Chenelière/McGraw-Hill, 1998.

GOUPIL, G. « Le portfolio, vers une pratique réflexive de l'enseignement » dans *Vie pédagogique,* vol. 107, 1998, p. 38-40.

GRAVEL, H. et R. DESJARDINS. « L'utilisation du portfolio professionnel comme outil de synthèse des apprentissages en fin de formation initiale à l'enseignement et comme moyen de développer la pensée critique et créatrice », dans *Enseigner et Comprendre : le développement d'une pensée critique,* 1998, p. 258-270. Sous la direction de L. Guilbert, J. Boisvert et N. Ferguson, Presses de l'Université Laval, Sainte-Foy, 1999.

HERMAN, J. L. et L. WINTERS. « Portfolio Research : A Slim Collection », dans *Educational Leadership,* vol. 52, n° 2, 1994, p. 48-55.

KUBLER LA BOSKEY, V. « Portfolios Here, Portfolios There... Searching for the Essence of Educational Portfolios », dans *Phi Delta Kappan,* vol. 81, n° 8, 2000, p. 590-595.

LAFORTUNE, L. et L. ST-PIERRE. *Dictionnaire actuel de l'éducation,* Montréal et Paris, Guérin et Eska, 1992, 1993, p. 836.

LEGENDRE, R. *Dictionnaire actuel de l'éducation,* Montréal et Paris, Guérin et Eska, 1993, p. 835-836.

MARTIN-KNIEP, G. O. *Capturing the Wisdom of Practice, Professional Portfolios for Educators,* Association for Supervision and Curriculum Development, Virginia, USA, 1999.

MILMAN, N. B. *Web-Based Electronic Teaching Portfolios for Preservice Teachers,* Society for Information and Teacher Education International Conference (10ᵉ, San Antonio, TX, 28 février-4 mars), 1999. ERIC Document Reproduction Service no ED 432 273.

MINISTÈRE DE L'ÉDUCATION. *Évaluation de portfolios,* Victoria, C.-B., Bureau des Programmes de langue française, 1994.

NADEAU, G. *Le portfolio professionnel, outil privilégié d'évaluation et de perfectionnement,* Document inédit d'une présentation faite à la 19ᵉ session d'étude, Hull, ADMEE, 1997.

ROSS, D. D., BONDY, E. et D. W. KYLE. *Reflective Teaching for Student Empowerment, Elementary Curriculum and Methods,* New York, Macmillan Publishing Company, 1993.

ROWLEY, J. B. « The Good Mentor », dans *Educational Leadership,* 1999, p. 20-22.

TARDIF, M., LESSARD, C. et L. LAHAYE. « Les enseignant(e)s des ordres d'enseignement primaire et secondaire face aux savoirs. Esquisse d'une problématique du savoir enseignant », dans *Sociologie et Société,* vol. 23, n° 1, 1991, p. 55-69.

UNIVERSITÉ DE MONCTON. *Vers une pédagogie actualisante : Mission de la Faculté des sciences de l'éducation et formation initiale à l'enseignement,* Université de Moncton, Moncton, 1997, Faculté des sciences de l'éducation de l'Université de Moncton, *Les objectifs de la mission de la Faculté,* 1997.

Sites Web à visiter

Je vous recommande de visiter mon site pour trouver les liens mis à jour, car des adresses électroniques sont souvent désuètes après avoir séjourné quelques mois sur le Web. De plus, vous pourriez participer au forum de discussion sur le portfolio que vous y trouverez :

Le PROF accueille.
www.umoncton.ca/leprof/portfolio/
portfoliomenu.htm
Dans mon site Web, vous trouverez quelques-uns des aspects contenus dans ce guide ainsi que des exemples de portfolios électroniques.

The Kalamazoo College Portfolio explique toutes les étapes à suive pour monter un portfolio à l'aide de « Composer » dans Netscape, qui, au dire de plusieurs, est l'instrument le plus facile à utiliser pour construire un site Web.
www.kzoo.edu/pfolio

Le site CINÉMA a été élaboré par Claire IsaBelle, professeure à la Faculté des sciences de l'éducation de l'Université de Moncton, et Aude Dufresne de l'Université de Montréal. Ce site donne plusieurs conseils utiles sur la conception, la création et l'évaluation d'applications de l'ordinateur en pédagogie, dont la conception de pages Web.
www.fas.umontreal.ca/com/com3561/BTA

Arbre des différenciations potentielles.
parcours-diversifies.scola.ac-paris.fr/PERETTI/
arbre.htm
Ce site présente une analyse très intéressante sur les stratégies d'enseignement et les approches pédagogiques.

A Guide to the Development of Professional Portfolios in the Faculty of Education.
Winsor, P. J. T. (1998).
www.edu.uleth.ca/fe/ppd/cover.html

Édumédia : Songé.
edumedia.risq.qc.ca/songe/songe.htm
« Le portfolio est devenu récemment un mot magique en éducation. Nous avons souhaité comprendre un peu plus ce qui pouvait se cacher derrière. Nous avons donc rencontré des enseignants qui utilisent le portfolio, papier ou électronique, dans leur enseignement. »

Centre de Leadership en Éducation : utilisation du portfolio pour la gouvernance de son perfectionnement professionnel.
www.centre-leadership.on.ca/stages/
bergerutil.htm
« Valoriser la contribution du personnel enseignant au renouvellement des pratiques pédagogiques. Offrir au personnel enseignant un portfolio qui reflète ses pratiques et l'oriente dans sa croissance personnelle. »

Ressources Internet sur le porfolio électronique (en français et en anglais).
edumedia.risq.qc.ca/songe/songePart3.htm#ress

Create Your Own Electronic Portfolio (using off-the-shelf software).
transition.alaska.edu/www/portfolios/
toolsarticle.html
Dans le numéro d'octobre 1998 de *Learning and Leading with Technology*, j'ai traité des questions stratégiques qu'on doit se poser quand on crée des portfolios électroniques. Dans cet article, je décris de nouvelles mises au point sur la méthode de développement du portfolio électronique. De plus, j'examine sept progiciels génériques ainsi que des stratégies que j'ai mentionnées dans l'article précédent. (Site offert en anglais.)

Portfolio-Références W3.
station05.qc.ca/CSS/cemis/portfol/portfolio.htm
« Documentation. Expérimentation Web. Expérimentation logiciel. »

Le portfolio électronique.
www.tact.fse.ulaval.ca/apo/portfolio.html
L'idée du portfolio électronique est venue à la suite d'un besoin exprimé par certains étudiants universitaires qui désiraient créer leur propre portfolio en vue d'un emploi futur. Ce besoin fait face à une nouvelle tendance dans certaines universités américaines ainsi que dans le milieu de travail actuel de plus en plus axé sur l'intégration des nouvelles technologies.

Electronic portfolios.
www.sctboces.org/admin/sunrise2.htm
Ressources Web. Exemples de portfolios d'élèves et de logiciels qu'on peut utiliser pour les portfolios électroniques. (Site offert en anglais.)

Electronic Teaching Portfolios.
transition.alaska.edu/www/portfolios/siteart.html
Puisqu'on utilise une évaluation du rendement de l'enseignant davantage basée sur les normes, nous avons besoin de nouveaux outils pour consigner et structurer des cas de méthodes d'enseignement fructueuses pour les enseignants professionnels et les stagiaires. Cette session présente une stratégie servant à utiliser des fichiers de format PDF (Adobe Acrobat PDF) pour enregistrer des portfolios d'enseignement électroniques, et les structurer. (Site offert en anglais.)

Teaching Portfolios : Web Links.
www.cll.wayne.edu/fls/teachptf.htm
La liste ci-dessous comprend des liens vers des pages Web portant sur les portfolios d'enseignement.

Preservice Teacher Portfolio.
www2.ncsu.edu/unity/lockers/project/portfolios/preserviceintro.html
Les portfolios compris dans cette partie du site sont des exemples créés par des enseignants qui ont terminé leur stage d'enseignement et qui sont maintenant prêts à enseigner. Ce site contient deux portfolios que vous pouvez consulter (EXEMPLE A et EXEMPLE B). (Site offert en anglais.)

Publier sa page personnelle.
www.virtuel.collegebdeb.qc.ca/pedagogie/parea/pagep.html

Réaliser sa page Web.
www.asi.fr/~ericbon/htmldoc.htm
« Bienvenue sur cette documentation sur le langage HTML, langage qui permet la réalisation de pages WEB. Vous venez de vous connecter à Internet et vous vous demandez mais comment font-ils tous pour réaliser des pages sur Internet. Et vous vous dites, ce n'est pas pour moi, c'est très compliqué. Au premier abord, lorsqu'avec votre navigateur vous faites un « affichage/Source du document » il est vrai que cela est assez opaque pour le non-initié, mais ne vous en faites pas, dans cette rubrique, nous allons voir comment réaliser facilement une page Web. »

Le portfolio dans l'apprentissage.
www.qesnrecit.qc.ca/portfolio/port_fran.html
« Bienvenue à notre nouveau site traitant de l'utilisation du portfolio dans l'apprentissage ! Ce site bilingue a pour but de rendre accessible le plus grand nombre d'outils et de ressources possibles aux enseignant(e)s et à leurs élèves qui travaillent avec le portfolio dans l'apprentissage. »

Se préparer à l'entrevue, site privé.
www.mediom.com/~jpigeon/home.html
« Il est important de rester calme durant l'entrevue. Vous trouverez ci-dessous quelques-unes des questions que l'on pose habituellement lors d'une entrevue. Étudiez-les attentivement et préparez-vous à y répondre d'une manière réfléchie et spontanée. Cela vous aidera à combattre votre nervosité. Après chaque choix de question, vous aurez le choix d'examiner les réponses de Patrick pour vous donner une idée de réponses bien formulées. »

Se préparer à l'entrevue, site du gouvernement du Canada.
www.hrdc-drhc.gc.ca/hrib/hrp-prh/pi-ip/career-carriere/francais/products/ takecharge/tc-41_f.shtml
« L'entrevue devrait être pour vous un moment passionnant. L'employeur est de toute évidence bien disposé à votre égard puisque vous avez été convoqué à une entrevue. Il ne vous reste plus qu'à lui montrer que vous êtes la personne la plus qualifiée pour occuper le poste. Si vous avez suivi les instructions des brochures précédentes, vous savez maintenant quelles sont vos compétences et aptitudes et vous êtes bien renseigné sur l'entreprise. L'étape suivante consiste à vous préparer à l'entrevue. »

Ressources en français – générales
www.ntic.org/guider/textes/portfolio.html
« Comment constituer mon portfolio et l'afficher sur la Toile. Le site propose une solution simple au niveau de la publication du portfolio sur Internet. »

Mon cyberportfolio
www.tact.fse.ulaval.ca/u/laurentg/sp/Dossiers/mon%20cyberportfolio/mon_portfolio.htm
Exemple d'un portfolio en formation des maîtres.

Le dossier d'enseignement : un instrument de réflexion par Sylvie Fontaine
www.edteched.uottawa.ca/options/July_98/Dossier_denseignement.htm
« En 1980, une équipe de travail canadienne mandatée par l'Association canadienne des professeurs d'université a préparé le premier document (Guide de rédaction et d'utilisation du dossier d'enseignement, 1986) qui servira de base au développement de la recherche et des démarches relatives au dossier d'enseignement. Le guide se veut une contribution à l'évolution des méthodes d'évaluation des professeurs d'université. »

Des exemples de portfolios électroniques
www.portfolio.imq.qc.ca/exemples.html

External Links on Teaching Portfolios
www.lgu.ac.uk/deliberations/portfolios/urls.html

Teaching Portfolio Links
www.psu.edu/celt/portfoliolinks.html

Seven Principles of Portfolio Development
www.temple.edu/ATTIC/portfolio.html

Le portfolio électronique : quoi ? pourquoi ? comment ?
www.infobourg.com/AfficheTexte/Long.asp?DevID=631